O I CHING E OS MISTÉRIOS DA VIDA

O I CHING E OS MISTÉRIOS DA VIDA

MARTIN SCHÖNBERGER

O I CHING E OS MISTÉRIOS DA VIDA

As chaves ocultas da vida

Prefácio
LAMA ANAGARIKA GOVINDA

Tradução
ALAYDE MUTZENBECHER

EDITORA PENSAMENTO
São Paulo

Edição		Ano
2-3-4-5-6-7-8-9-10		91-92-93-94-95

Direitos de tradução para o Brasil
adquiridos com exclusividade pela
EDITORA PENSAMENTO LTDA.
Rua Dr. Mário Vicente, 374 — 04270 — São Paulo, SP — Fone: 272-1399
que se reserva a propriedade literária desta tradução.

Impressão e Acabamento: Gráfica Editora Hamburg

SUMÁRIO

SUMÁRIO

Nesta reprodução de um relevo na pedra,[1] o casal aparece duas vezes: *acima*, o homem e a mulher *voltam-se um para o outro,* e as caudas do dragão estão entrelaçadas; *abaixo,* após a união (*hieros gamos*), continuam a formar um par inseparável, porém agora a parte de cima de seus corpos *volta-se para fora.* Fu-Hsi segura o esquadro com a mão esquerda. Trata-se do instrumento necessário para criar o quadrado, um emblema da Terra, portanto, do "feminino", Yin, e só pode ser válido como insígnia do masculino *após* o intercâmbio de atributos realizado durante a hierogamia.[2]

Do mesmo modo, Nü-Kua, sua mulher, segura o compasso, criador do círculo, emblema do céu, do "masculino", Yang.

Segundo a adaptação das memórias de Se-Ma-Ts'ien realizada por Edouard Chavanne,[3] registro histórico de há cerca de dois mil anos que em muitos aspectos se assemelha a pura mitologia, e que entretanto teve uma comprovação histórica cientificamente surpreendente —, Fu-Hsi e Niu-Koa, "o primeiro casal" (ao mesmo tempo irmãos) surge nos primórdios da história, ao emergir o mito. São detentores de características míticas (caudas de dragão, asas) assim como de instrumentos de precisão (esquadro e compasso). Em conjunto, esses instrumentos significam "a ordem e o procedimento correto".

Em nenhum outro momento da história chinesa encontramos uma imagem tão impressionante de um casal com ênfase equivalente à elevada realização cultural de ambos os parceiros, em parte registrada como mito (as ações de Nü-Kua restabelecem a ordem num mundo caótico), e em parte como caráter histórico; Fu-Hsi como inventor da escrita, mediante um sistema de nós, dos oito trigramas e de sua ordem, assim como da agricultura e da caça; Nü-Kua, como "inventora" do matrimônio, com a indicação do seu clã familiar, etc. De fato, em sua manifestação como Yang e Yin, o casal parece a própria representação do Tao.

Este livro é dedicado a
FU-HSI
e a sua esposa
NÜ-KUA,
fundadores do *I Ching* e do casamento.

Esta dedicatória deve ser entendida como uma síntese, ao mesmo tempo engraçada e séria deste livro, e uma integração da sabedoria ancestral com a ciência moderna.

PREFÁCIO À SEGUNDA EDIÇÃO

Desde a primeira edição deste livro, houve um grande número de descobertas difundidas na área da genética molecular. Assim, torna-se quase impossível abranger todas as publicações a respeito deste tema. Com a possibilidade de manipulação dessas descobertas, é evidente o perigo de que, por uma negligência ou mesmo por um abuso, alguns vírus mortais — do tétano, do câncer ou do colibacilos (nossos simbiontes intestinais) — possam colocar em risco a sobrevivência da humanidade, da mesma forma que o desdobramento atômico. Entre esta maré de descobertas — partindo daquela fundamental de 64 códigos triplos —, há uma de particular importância por ser equivalente ao princípio do código do DNA, e que só foi divulgada em 1975. Refiro-me nada menos do que à descoberta da "outra metade" do sistema do DNA, a metade complementar do aspecto material, o único definido até então.

F. A. Popp, professor docente do Centro Radiológico da Universidade de Philipps, em Marburg/Lahn, descobriu um sistema complexo, ainda apenas parcialmente explorado, de vibrações entre freqüências de ultra-som e de luz ultravioleta, manifestando numerosos fenômenos tais como absorção, reflexão, polarização, despolarização, ressonância e até a função do *laser* (com um mínimo de fótons), interligado em princípio à estrutura químico-física do DNA até hoje conhecido, e correspondendo exatamente às suas faixas de ondas, formando uma uni-

11

dade com este sistema. Mas isso não é tudo. Segundo F. A. Popp, o caráter de onda do DNA também implica a existência de *um sistema universal de comunicação* entre as células do corpo, operando a velocidades de impulso muito maiores do que os sistemas humorais e neurais — únicos até hoje conhecidos — ou seja, a velocidades que oscilam entre a do som e a da luz. Os biossinais ultravioletas "cavalgam" nas espirais do DNA, ativando códons específicos. As falsificações destes sinais significam o câncer; sua extinção "apaga a luz" de todo o corpo.

Através dessa descoberta, é óbvio que a apresentação da minha hipótese — de uma corrente de forças transcendentes e informativas no DNA —, tornou-se muito mais fidedigna e vívida do que parecia por ocasião da primeira edição. Agora também torna-se claro que a realidade só poderá ser abarcada em sua totalidade se houver uma permanente atenção no presente, na sincronicidade viva de informações (códon) do procedimento e do processo temporal na forma de uma equivalência psíquica, para a qual sugiro a denominação "psychon". E que esses dois dados — o substrato DNA e o códon DNA —, que realmente deveriam chamar-se "somaton", garantam a abrangência da realidade total.

Esta divisão em três partes corresponde ao espírito, à alma e ao corpo da filosofia ocidental. Segundo o dr. H. de Witt,[1] há estreitas analogias entre os três pilares da ciência moderna, como veremos na seguinte tabela:

Biologia (DNA)	Filosofia ocidental	Ciência moderna
Códon	Espírito	Informação
Psychon	Alma	Energia
Somaton	Corpo	Matéria

Os conceitos/qualidades/aspectos de cada linha são análogos entre si.

Esta concepção equivale à do Tri-Kaya no budismo tântrico, os três âmbitos do espírito, da fala e do corpo. De acordo com os ensinamentos tântricos, estes três corpos podem ser integrados como uma unidade num quarto corpo (Sahaja-Kaya), o da espontaneidade e da grande felicidade. No futuro, a ciência não poderá prescindir da existência simultânea do DNA como códon-psiychon-somaton. Como Jean Gebser demonstra,[2] isso requer a substituição do pensamento racional, dominante há 2.500 anos, através de uma nova conscientização e da integração dos pólos opostos. Este pensamento polarizado e esta conscientização encontram sua imagem perfeita, exatamente correlata à realidade espiritual-psíquica-física, no sistema universal do *I Ching*.

Sem as noções básicas da eletricidade e de conceitos tais como o positivo/negativo, as tensões eletrostáticas, as leis da corrente elétrica e os indutores, um cientista de séculos anteriores teria certamente considerado a estrutura confusa de um aparelho de televisão — com seus fios conectores, suas bobinas e condensadores — um enigma insolúvel. Para os biogeneticistas da atualidade, a embrulhada das seqüências de códigos do DNA, com suas espirais e suas formas em folha de trevo, representam um enigma igualmente insolúvel enquanto não se desvencilharem, do âmbito da ciência, os poderes, as forças criativas das formas, a polaridade Yin/Yang, e a transcendência. Esta hipótese do *I Ching* coincide com o sistema do DNA e este talvez seja o livro de ensinamento de tal força cósmica, da tensão estática e do fluxo dinâmico, convergindo na matriz do DNA (como o demonstra o diagrama à pág. 93).

Alegro-me em afirmar que o dr. F. A. Popp discutiu esta minha hipótese com os colegas em seu instituto, e escreveu-me que a considerava provavelmente correta, já pelo simples fato de que a Natureza sempre trilha o caminho que mais poupa energia. Esta otimização da energia é dada por um único e mesmo sistema triplo, constituído de 64 pares, nos níveis da informação (espírito) e da matéria (corpo):

"Uma vez que no código genético a informação ('espírito') e a matéria ('corpo') se entrecruzam, é de se esperar que a evolução tenha selecionado o princípio mais favorável, isto é, o mais seguro e, ao mesmo tempo, o mais econômico. O problema só pode ser solucionado pela busca de uma compreensão do

DNA em seu significado fundamental de abrangência imensuravelmente ampla, não apenas em termos da bioquímica e da energética, mas também, e não com menos energia, pelo seu ângulo teórico de informação, assim como você tentou fazer através de um enfoque até hoje negligenciado. Por isso só posso congratulá-lo pelo seu trabalho pioneiro, que evidentemente ainda não deve estar completo! " (Citação de uma carta.)

Até agora, não se prestou a devida atenção à codificação e à estrutura binária matemática das 64 tríades, como foi revelada em minha tabela na *ordem periódica dos aminoácidos,* à pág. 80. É extremamente improvável que este sistema computadorizado imbuído no DNA seja deixado como tal, sem utilização. Se a hipótese aqui apresentada for verdadeira, este "plano biológico da vida"[3] como o denomina E. Chargaff — a quem se deve a descoberta do DNA — é de fato "movido" por vibrações que são exatamente adaptadas a todos os fenômenos da mecânica ondular, representando de fato sua contrapartida, material análogo ao aspecto ondular-corpuscular da luz.

Tanto a descoberta do sistema ondular de F. A. Popp, associado ao DNA, como sua estrutura matemática implicam em conseqüências de amplo alcance para a biologia molecular. Ao mesmo tempo, entretanto, dirigem um foco de luz esclarecedor e explicativo sobre a hipótese de um sistema de código uniforme para o espírito, a psique e o soma. Quatro anos depois da primeira edição, o profundo abismo inicial que separava a molécula DNA do *I Ching,* um livro de sabedoria chinês oriundo da mais remota antigüidade, parece menos ameaçador. Um novo livro intitulado *Die Wende* [*The Turn*] de autoria do dr. Frank Fiedeler (editado por Kristkeitz, Berlim, 1977) enfoca o tema DNA e *I Ching* usando a mesma analogia, e remete ao caráter fundamental do DNA pura e simplesmente como sistema simbólico, a ser levado em conta como meta e como linguagem ancestral. O sistema das 64 tríades do DNA e do *I Ching* é nitidamente comprovado como correspondendo à situação terrestre básica (Sol-Lua, dia-noite, Lua-Terra), podendo ser dela deduzido.

Agradeço à iniciativa do *Fischer Taschenbuch* esta segunda

edição — livre de erros de impressão. Ela deve servir de ponte temporária, que só os cientistas e os leigos dispostos a integrar o nível de consciência aristotélica racional e dualista até agora vigente, na nova consciência polarizada denominada "integral" pelo meu amigo e mentor Jean Gebser, poderão atravessar. Uma ponte entre a ciência e a sabedoria, para aqueles que não sofrem como "ciganos à margem do universo" (Mônada), mas que, unidos, procuram uma nova sociedade, interligados na consciência de uma polaridade que a tudo preenche e perpassa.

INTRODUÇÃO

Lama Anagarika Govinda

Como budista e membro de uma ordem tibetana, dois motivos me impelem a aceitar o convite para escrever a introdução de um livro que aparentemente pertence a outro campo de sabedoria, o da biologia moderna, analisada à luz de uma antiga filosofia chinesa que nos foi transmitida através do *I Ching,* ou *O livro das mutações.* Em primeiro lugar, fui motivado pela admiração por um trabalho pioneiro que, livre de preconceitos e detentor da coragem oriunda de uma profunda convicção, constrói uma ponte entre o Oriente e o Ocidente, entre os primórdios do pensamento humano e as mais recentes descobertas da ciência. No entanto, a motivação principal prende-se aos princípios filosóficos sobre os quais está baseada a atitude espiritual do *Livro das mutações* e, simultaneamente, ao fato de que os resultados da mais moderna pesquisa científica são em grande escala idênticos às idéias básicas do budismo, e mais particularmente aos princípios do budismo tântrico de cunho tibetano.

A visão de mundo dos tantras baseia-se na trama infinita de todas as coisas e de todos os processos vivos, cuja relação mútua e interdependente torna o universo um imenso organismo em que cada parte, cada forma individual aparente contém o todo, de modo que nenhuma "coisa", nenhum processo natural e nenhuma criatura viva existe independentemente em si mesma, ou pode ser segregada do resto; ao contrário, participa do todo. Estamos, portanto, lidando com uma unidade orgânica, isto é, viva, não com uma mera informalidade ou com uma substância eternamente imutável, diante da qual tudo o que é sujeito à mutação e à transformação se reduz a mera ilusão e irrealidade, a algo depreciado e desprovido de valor. A unidade aqui não contraria o movimento, a mutação, o crescimento e a dissolução, a evolução e a integração características de todos os organismos vivos — tal como no processo de inspiração e de expiração, de sístole e diástole, e como na contínua criação e destruição de mundos no cosmos.

Este enfoque absolutamente dinâmico do mundo sempre foi próprio do budismo, em oposição ao conceito do "Vir-a-ser" (e do "deixar de ser"), ao conceito abstrato de um "ser" imutável e absoluto (e, portanto, não interligado), além de contrariar igualmente a idéia primária de um início determinado no tempo, ou de um mundo produzido arbitrariamente por um Deus-Criador.

Na China antiga surgiu um enfoque semelhante de um *fluir no mundo,* na noção do Tao, o movimento cíclico do universo vivo que, semelhante a um rio, cria a lei e a ordem através da estabilidade de sua orientação e de seu próprio ritmo inato, fazendo aflorar todas as aparências externas e as formas vivas, permeando-as de significado. Richard Wilhelm, o genial tradutor e intérprete do *I Ching* e do *Tao Te King,* penetrou nas profundezas do pensamento chinês como nenhum outro europeu antes ou desde então, e identifica o Tao com o *Sentido.*

Diante dessas amplas concepções de um universo infinito e dinâmico, não foi, portanto, surpresa que as duas grandes correntes filosóficas e culturais — o budismo e o taoísmo — tenham se encontrado constituindo um dos fenômenos mais frutíferos e atraentes da história espiritual do homem. Eis o que me impeliu, junto com uma necessidade intrínseca, ao estudo do *Tao Te King* e do *I Ching.* Eu já conhecia esta última obra através da tradição tibetana da filosofia natural, da astrologia e da cronologia, e isso me induziu a remontar às origens deste sistema milenar de idéias. Além disso, levou-me a uma compreensão mais profunda da estrutura matemática, geométrica, simbólica e arquetípica básica do *I Ching,* que precedia a valorização filosófica e ética deste sistema, ou seja, que antecedia seu uso oracular. Para preencher os propósitos da profecia, seria preciso, primeiro, que fossem reconhecidas as leis das ocorrências naturais, com suas aplicações à psique humana e às ações do homem, e, segundo, que elas fossem inseridas num sistema uniforme cuja linguagem de imagens e símbolos tivesse validade geral e compreensão suficientes para operar no decorrer das gerações, acumulando a experiência adicional a fim de poder incorporá-las ao sistema. Pois é evidente que o *Livro das mutações* não foi criação de um único indivíduo, e, sim, uma obra elaborada por inúmeras gerações cuja experiência, acumulada e cada vez mais cristalizada, forjou o livro em sua forma completa. Assim como uma previsão astrológica só é possível após um estudo detalhado das constelações e a aquisição de conhecimentos de suas leis de movimento fundamentadas sobre cálculos matemáticos, também os princípios básicos de uma estrutura de mundo universal, isto é, de validade geral, primeiro teve de ser criada para depois poder ser aplicada à vida humana e às suas situações.

No processo dessa aplicação, o estabelecimento puramente matemático de valores abstratos e de resultados inequívocos foi se tornando um cálculo de probabilidades com uma gama de significados cada vez maior, que teria de ser expressa por símbolos correspondentes, variáveis e polivalentes. Mas como a ação em vários níveis tem a essência de um verdadeiro símbolo, ou seja, o de abrir uma nova dimensão no plano da realidade, é claro que estes símbolos só podem ser interpretados corretamente por alguém que saiba aplicá-los nos diferentes níveis da realidade ou da consciência. No entanto, isso é impossível para a pessoa inexperiente e não familiarizada com a essência mais profunda do símbolo. Assim, ela o interpreta com base em seu *face value*. Além disso, entre os símbolos existentes do *I Ching*, há diversas categorias que não podem ser relacionadas arbitrariamente, devendo-se pois diferençá-las, já que correspondem a distintos níveis da realidade. Em outras palavras, a compreensão do *I Ching* não depende apenas do conhecimento filosófico, mas também e igualmente da informação da linguagem simbólica, cujos segredos não poderão ser deduzidos apenas por meios filosóficos. Até mesmo um erudito notável como o sinólogo inglês Legge não foi capaz de compreender totalmente o *I Ching:* ele o considerou um simples livro de adivinhações extraído de superstições e crenças populares. É lamentável que, apesar da genial tradução de Richard Wilhelm, *O livro das mutações* tenha em nossos dias um destino semelhante. Tornou-se popular de uma maneira que acabou subordinando o verdadeiro valor dessa obra monumental aos motivos mais triviais. Em vez de incentivar a compreensão do mundo e o autoconhecimento, é utilizado para satisfazer a curiosidade pessoal ou como mero passatempo.

Criaturas que não têm nenhuma noção da ordem inerente a todas as ocorrências e do profundo simbolismo no qual esta regularidade se expressa e é aplicada à condição humana, só usam *O livro das mutações* como aqueles derradeiros taoístas que criaram uma crença fantástica e mística, e um culto popular ao oráculo, a partir dos pensamentos de Lao-Tse e de Chung-Tzu. Agindo deste modo, elas passam à margem do âmago da questão, que é a universalidade de uma filosofia que concede um sentido e uma direção às suas vidas.

Sem dúvida, é possível reconhecer o futuro, ou melhor, as possibilidades futuras e, até certo ponto, controlá-las; porém, isso requer um estudo extensivo, um mergulho no mais íntimo de si mesmo, que implica um acréscimo de recursos intuitivos. Pois a intuição é mais do que um sentimento espontâneo; na maioria das vezes, é o resultado de um crescimento espiritual decorrente de uma longa e penetrante reflexão sobre determinada matéria ou problema, levando à identificação e à concretização de todos os traços individuais deste assunto, até agora dispersos.

O livro das mutações diz o seguinte:

"Ao perscrutarem a ordem do mundo exterior até suas últimas conseqüências, e ao seguirem a lei de seu próprio interior até o mais profundo de sua essência, os sábios da antigüidade chegaram à compreensão do destino."

Trata-se de uma exposição clara das origens e do caminho trilhado pelo *I Ching*, e se constitui de dois componentes: por um lado, o da reflexão objetiva, o da elaboração mental dos processos e das leis do mundo exterior; por outro, o da imersão nas profundezas do mundo interior por meio da meditação, da visão e da contemplação através da qual não apenas chegamos a nos conhecer, mas também conseguimos penetrar no núcleo do universo focalizado em nosso inconsciente mais profundo.

A visão do mundo do *I Ching* toca a do budismo Mahâyâna neste ponto: no reconhecimento da universalidade do consciente humano profundo. Pois o principal ensinamento do budismo Mahâyâna consiste na postulação do Álayavijñâna, do inconsciente (ou "tesouro") universal, inacessível aos que vivem na superficialidade, e que, portanto, o desconhecem; entretanto, ele se manifesta aos que se voltam para seu próprio interior. Como diz o *I Ching:* "Nele estão as formas e as configurações do céu e da Terra".

Partindo deste pressuposto, torna-se compreensível o fato de a consciência humana ser capaz de refletir as leis do universo e de reconstituir e formular em elaboração mental aquilo que foi intuído ou vislumbrado em reflexão meditativa. Desse modo, os resultados da mais moderna pesquisa científica, como os ligados à astronomia, à física atômica ou à biologia, podem ter sido freqüentemente antecipados pelos visionários da mais remota antigüidade, e expressos na linguagem simbólica de sua época.

Assim, há dois milênios e meio, Buda já falava de um universo constituído de incontáveis sistemas mundiais, discernindo nitidamente que esses sistemas — entre eles, o nosso era apenas um exemplo ínfimo — estavam sujeitos a um perpétuo processo de criação e destruição, uma evolução aeônica seguida de uma involução aeônica, até a completa integração e recriação. A noção primária que considerou a Terra ou o nosso sistema solar como o centro do universo só ocorreu no pensamento antropocêntrico dos povos ocidentais e das religiões monoteístas.

De um modo semelhante, o budismo se opôs ao conceito rígido do átomo como substância indestrutível ou permanentemente imutável, e antecipou na biologia a idéia (de Darwin) da evolução de formas vivas e a evolução gradual da consciência, desde a mais primária animalidade até o mais elevado desenvolvimento humano.

Se levarmos tudo isso em consideração, a surpreendente descoberta do dr. Schönberger a respeito da concordância exata do código genético com a estrutura numérica e o princípio de polaridade do *I Ching*, não é apenas compreensível, como também convincente, e cientificamente aceitável.

Assim, a função do *I Ching* de descortinar ou de configurar o futuro liberta-se do ônus de ser um "oráculo" primitivo, ao se comprovar que estamos diante de uma programação cunhada na matemática, que opera seguindo o mesmo princípio binário de um computador. Tal comparação já foi formulada há anos num artigo muito elucidativo de José Argüelles (publicado em *Main Currents in Modern Thought*, de janeiro de 1969, nos seguintes termos: "O *I Ching* funciona como um computador, e sua função depende de ele ser programado conforme a verdade. A veracidade (ou a correção correspondente aos fatos) da programação depende da reação do consulente diante das previsões de *O livro das mutações*. Em outras palavras, o *I Ching* só funciona se aquele que o consulta aceita as regras e as leis estabelecidas no livro, aplicando-as à sua própria situação." Portanto, o *I Ching* é uma espécie de "computador psíquico", ou seja, uma combinação de fatores subjetivos e objetivos de realidades psíquicas e matemáticas na qual o correto julgamento do primeiro é o pressuposto para o funcionamento do segundo.

Por seu lado, o autor deste livro chegou às mesmas conclusões independentes, ao substituir a palavra "oráculo" — tão mal interpretada — por "programação". Contudo, a natureza fornece uma tal programação do processo vital através do *código genético*, que deste modo pode ser concebido como a programação do destino de cada ser vivo. O autor afirma a respeito que "desde o início" não houve dúvida alguma para os chineses, nenhuma possibilidade de pensamento que não concebesse a criação do mundo a não ser como o resultado de pólos primários, decorrentes da necessidade natural ou do "destino", ainda que com evoluções e desenvolvimentos variáveis.

Como livro de destino conceitualizado desta forma, *O livro das mutações* atuou durante milênios como catalisador do pensamento humano e como linha diretriz das ações dos homens. O que possibilitou isso foi o fato de ele ter-se originado da validade geral das observações e das formulações subjacentes, nas quais a dinâmica de todos os seres vivos, com sua inerente conformidade às leis naturais também estão refletidas. Essa conformidade às leis naturais confere estabilidade à mutação. Em vez de ver apenas a morte e a aniquilação na transformação e, a partir desta atitude negativa, deduzir o contrário, isto é, elevar a um ideal o eternamente imutável, na mais remota cultura chinesa o homem teve a coragem e a inteligência de afirmar a eterna mutação, avançando até a conclusão de que a mutação não é contrária à estabilidade, e sim está indissoluvelmente interligada a ela. Em outras palavras, os sábios da antigüidade chinesa não se tornaram vítimas do pensamento dualista — que faz da mutação o inimigo inexorável, ou o oponente da estabilidade; eles reconheceram a íntima interdependência de ambos os lados dessa verdade universal, ou seja, sua polaridade.

Dualismo[1] e polaridade são conceitos entre os quais há um mundo de separação; no entanto, infelizmente, costumam ser confundidos com freqüência — sobretudo por aqueles que concebem a idéia de uma unidade absolutamente focalizada como a única realidade num ideal exclusivo, diante da qual a multiplicidade, a diversidade e a individualização aparecem como uma "queda" da realidade absoluta, e são descartadas como mera ilusão. A diferença entre dualismo e polaridade consiste em que o dualismo só vê os opostos irreconciliáveis conduzindo a valorizações preconceituosas e a decisões causadoras de cisões do mundo, dividindo-o em opostos igualmente irredutíveis. Já a polaridade nasce da unidade, e inclui o conceito do todo. Ambos os pólos são complementares, indissoluvelmente interligados, assim como o pólo positivo e o negativo de um campo magnético não subsistem um sem o outro e não podem ser separados. O erro de raciocínio do dualismo é o de desejarmos aceitar apenas um lado das coisas ou dos processos vitais, e justamente aquele que corresponde aos nossos desejos e ideais ou, mais ainda, ao nosso apego às condições do estado presente, ao nosso "eu" ilusório, e a tudo aquilo com o que ele se identifica.

Assim, o conceito de imutabilidade é confundido com o de duração, que seria talvez expresso mais adequadamente pelo de continuidade. Segundo a definição do *I Ching*:

"A duração é uma condição cujo movimento não se exaure com os obstáculos. Não se trata de uma condição de repouso (no sentido de imobilidade), pois a mera estagnação já é um retrocesso. A duração é um movimento de um todo organizado que se renova e se integra, que se processa em harmonia com leis imutáveis."

Nesta frase, a idéia central de *O livro das mutações* está reduzida à sua fórmula mais curta, fórmula esta que a ciência moderna também pode afirmar — como o demonstra, de modo convincente, o autor deste livro, por meio de abundantes detalhes e paralelos estimuladores. Que as idéias expostas na presente obra, resultantes simultaneamente do mais antigo e do mais moderno produto da pesquisa humana, possam servir para muitos, em seu próprio enfoque de vida, como estímulo e aprofundamento.

Kasar Devi Ashram,
Kumaon Himalaya, Índia.
31 de janeiro de 1973.

A OPINIÃO DE UM MATEMÁTICO

Todo leitor, qualquer que seja seu campo de atuação, ciência natural ou filosofia, ficará surpreso ao deparar-se aqui com o ponto de vista de um matemático. Pois, como nos foi rigidamente inculcado, estamos habituados a ordenar todos os nossos conhecimentos em duas categorias que se excluem mutuamente: o âmbito das ciências exatas e o da filosofia. Também estamos acostumados a aceitar a exigência absoluta da ciência: somente ela é capaz de descrever e de explicar, em princípio, todos os fenômenos conhecidos deste mundo. Inútil argumentar a respeito da veracidade desta afirmação. O cientista é invariavelmente forçado a admitir que ainda há um vasto resíduo de fatos inexplicáveis, e o filósofo se vê na contingência de presenciar, repetidamente, como o cientista se assenhora de um campo após outro, alocando-o para sua própria área de abrangência. O fato de afirmar ou negar este testemunho dependerá sobretudo da nossa educação e do sistema no qual nascemos.

O que torna este livro e o sistema do *I Ching* tão fascinante? Por um lado, é o formalismo abstrato sobre o qual o *I Ching* se baseia — e neste ponto *O livro das mutações* não deixa de se assemelhar a uma teoria matemática. Por outro lado, é o fato de que o poder de raciocinar no sentido de uma ordem lógica, ou seja, nossa capacidade de adquirir conhecimento científico, está contido no *I Ching* como uma das oito faculdades da alma. Em outras palavras, o pensamento científico também ocupa um lugar no sistema do *I Ching,* e em igualdade de condições. Portanto, não é necessário que nos distanciemos de qualquer parte de nossa própria natureza. O que o *I Ching* não encerra, e que, no entanto, constitui a base de todo o nosso pensamento, é o conceito da dualidade, o princípio de separação de opostos em categorias que se excluem mutuamente. Em vez disso, surge no *I Ching* o princípio de polaridade, de união de dois princípios aparentemente contrários. Quem poderia levar a mal o autor por assinalar as enormes dificuldades que surgiram na física justamente por causa desse raciocínio dualista? Neste sentido, deve ser motivo de profunda satisfação para um seguidor do *I Ching* um físico exigir que as partículas elementares sejam pensadas tanto como corpúsculos quanto como ondas; de fato, um convite ao pensamento polar!

Creio, portanto, que a presente obra deva ser lida justamente pelo cientista, pois será para ele motivo de reflexão. Em primeira linha, o que é sem dúvida de surpreender, destacam-se as semelhanças tão profundamente interligadas entre o código genético e o código do *I Ching* no final do livro, semelhanças que nos levam a uma profunda reflexão. Por outro lado, o fato de o *I Ching* implicar uma filosofia de vida surpreende, pois esta é erigida sobre uma base muito formal que, ao mesmo tempo, não se presta a ser transformada em ideologia, e daí em incompreensão. Estes dois fatos, por si sós, já deveriam ser suficientes para o cientista explicar com facilidade o pensamento do autor.

Para encerrar, uma palavra de advertência, ressaltando um perigo. Este livro não pretende nem pode pretender ser uma abertura ou uma síntese entre o pensamento do Ocidente e o do Oriente. Ele contém necessariamente vários pontos que provocarão o homem de raciocínio científico. Para alguns, o parentesco gráfico entre o símbolo do *I Ching* e a dupla hélice do DNA pode parecer uma brincadeira; outros desejarão banir a técnica oracular obtida com a ajuda dos 64 hexagramas confinando-a no reino das artes mágicas, e assim quase todo leitor encontrará algum ponto para motivar seu ceticismo. No entanto, independentemente de tudo isso, este livro contém idéias que bem valem a pena serem pesquisadas, e justamente pelos cientistas.

Rüdiger Hauff
IBM, Stuttgart

PREFÁCIO

Alguns marcos importantes na história da humanidade se sobressaem por suas formas imponentes, cada um deles assinalando uma nova fase do desenvolvimento humano. Podemos apenas suspeitar quantos destes eventos imbuídos de um destino ocorreram em épocas pré-históricas, e isso nos leva a tentar reconstruir alguns deles em nossa imaginação. Houve, por exemplo, a descoberta do fogo que assinalou, talvez da maneira mais nítida, a transição do âmbito pré-humano para o humano. A invenção da roda, da alavanca (que denota um curioso paralelo com a recente habilidade de controle da fertilidade humana), da tipografia, entre várias outras. Apesar do enorme número de invenções e enriquecimentos do conhecimento humano, nossos futuros descendentes talvez escolham dois destes marcos contundentes como os de maior conseqüência para a posteridade: a propriedade de cisão do átomo e, no campo biológico, a descoberta do surgimento, da formação, da preservação e da propagação totalmente una em sua essencialidade, da vida da planta, do animal e do homem, através do código genético. É provável que o leigo tenha captado com uma facilidade maior a importância da cisão do átomo. Isso porque ele teve apenas um vago acesso à descoberta do código genético, com sua substância responsável pela transmissão da vida e os inúmeros processos que esta envolve; a exceção, claro, fica por conta daqueles que, como leitores, tenham tomado conhecimento de dados a nível científico. Para o biólogo, a grande importância deste reconhecimento é bem clara, e em vários institutos, do mundo todo, tem-se dado continuidade ao trabalho de pesquisa sobre a proteína, de modo a colher o mais cedo possível o fruto desta semente. De fato, sabe-se que, uma vez descoberto o código genético — uma façanha prometéica — trata-se agora, sobretudo, de atacar a incrível variedade de problemas específicos daí decorrentes. A importância da descoberta parece ter sido adequadamente reconhecida com o Prêmio Nobel conferido a Watson e a Crick em 1962. Afinal, não estamos acostumados a nos surpreender a posteriori com descobertas já incluídas como parte integrante do conhecimento científico.

Este pequeno trabalho de um médico que não é mais cientista ou filósofo do que alguns de seus colegas, e que talvez até possa ser culpado de erros de forma e estilo, surgiu de um profundo interesse, complementado por um firme propósito em *não* avançar de modo tão precipitado. Precisamente o médico comprometido com a filosofia da natureza, que Hipócrates já honrara, e também os outros amigos da filosofia natural, é que ficaram mais profundamente comovidos com os primeiros anúncios fragmentados da imprensa sobre os fatos básicos do código genético e de tudo o que lhe dizia respeito. O mesmo não aconteceu com os especialistas não alinhados com a filosofia natural. Na verdade, reconhecer sem sombra de dúvida esta curiosa programação de todos os processos de vida por intermédio de 64 palavras codificadas, cada uma consistindo em três ou quatro "letras", causou enorme surpresa no autor. Aquele sistema ecoou na maioria dos que dele tiveram conhecimento como algo já familiar, em seus mínimos detalhes. Em inúmeras minúcias de sua complicada estrutura, recordou-lhe com uma sensação semelhante de admiração e surpresa, um sistema de filosofia natural pouco difundido, que certa vez viera a conhecer, e que o deixara intrigado por seu caráter individual e estranho. Esta obra, o *I Ching*, talvez o mais antigo livro do mundo, também tem 64 sinais constituídos de quatro "palavras" das quais apenas três são utilizadas de cada vez.

A "base" do código genético é formada pelos cordões *positivos* e *negativos* do DNA. O *I Ching* fundamenta-se em dois princípios básicos, o Yang e o Yin, que podemos designar como os pólos positivo e negativo. Além disso, trata-se de um sistema filosófico que em suas formas e fórmulas, por vezes obtusas se contempladas à luz do conhecimento moderno, parecem cintilar numa multiplicidade de facetas. Apesar de não ser uma mera lei, nem tampouco a origem da totalidade do mundo visível — efetiva em seus mais sensíveis detalhes e nas evoluções do destino — pretende ser um modelo de validade universal e constitui ao mesmo tempo o código de melhor procedimento inter-humano possível. Quem conhece o *I Ching*, pode tê-lo colocado de lado balançando a cabeça; no entanto, deve tê-lo tirado do fundo da biblioteca repetidas vezes para buscar um conselho. Seja como for, é um dos livros mais originais de *qualquer* biblioteca, mesmo da mais completa. Trata-se de uma peça única, um achado pré-histórico, que não se presta a ser enquadrado em qualquer contexto bem-ordenado. A admiração e a comoção evocadas por paralelos tão curiosos com um sistema tão remoto em suas origens nunca mais abandonaram o autor. Então, em 1969, uma revista médica publicou um artigo sobre o *I Ching* para divulgá-lo junto ao grande público; imediatamente o autor sentiu-se impelido a expor uma comparação entre os dois códigos. O que foi publicado na ocasião é reproduzido aqui, seguido de notas detalhadas sobre o código genético e o *I Ching*, para maior esclarecimento. Os dois códigos são transcritos um perto do outro, numa tabela provisória. Finalmente, tenta-se adequar esta descoberta estranha e surpreendente ao esquema já existente, numa série de investidas do pensamento.

O autor só se deparou com o ensaio da dra. Marie-Louise von Franz, intitulado *Symbol des Unus Mundus*[1] no qual há uma primeira indicação da interligação entre o *I Ching* e o código genético do DNA — depois que seu livro já estava completo. Sentindo-se ainda inseguro em seu julgamento sobre estes paralelos curiosos, o autor submeteu seu trabalho a um homem que em suas obras referiu-se repetidamente à necessidade e à possibilidade de se construir uma ponte entre o espírito do Ocidente e o do Oriente, e de quem ele esperava uma verdadeira crítica e julgamento. A resposta veio em pouco tempo e era positiva. O "achado" foi reconhecido como "extraordinário e único", porém o "consultor" expôs claramente a total insuficiência da primeira publicação. Deixo aqui meu agradecimento póstumo a Jean Gebser. É claro que o fundamento para esta colaboração gratificante já havia sido erigido há muito tempo — nos esforços do autor durante anos seguidos para encontrar uma postura espiritual não-dualista, baseada na polaridade. O *I Ching* dava corpo a esta procura, num florescimento nobre e único do espírito humano. O relatório com que aqui nos deparamos sobre a coincidência e a revelação da estrutura da polaridade na base de toda a vida (DNA), bem poderia refletir uma ampla realização futura sobre o pensamento da polaridade.

Enquanto este livro ainda estava sendo redigido, foi publicado o de Monod, intitulado *Acaso e necessidade*,[2] com inúmeras idéias a respeito do código genético, formuladas em termos estritamente dualistas. Assim surgiu para o autor a incumbência de, a partir do enfoque do *I Ching* e, naturalmente, em especial diante daquilo que Monod chama de "a última charada não resolvida sobre a origem do código genético" (pág. 176) e de *O livro das mutações,* dar uma resposta e uma solução da charada.

Tudo isso é uma tentativa de enfatizar uma extraordinária descoberta, visando estimular a pesquisa por parte de especialistas qualificados.

A DESCOBERTA

Mais um artigo sobre a "Descoberta" foi publicado pela primeira vez na revista de medicina geral intitulada *Der Landarzt* (O médico de aldeia), Caderno 16/69, como resposta a um ensaio de von Gräfe publicado no Caderno 5/69 da mesma revista.

I Ching — *O livro das mutações*
e
O código genético — *O livro da vida*

A comunicação de E. H. Gräfe "I Ching", no Caderno 5/69 da revista de medicina geral *Der Landarzt,* deve por certo ter exposto uma informação muito estranha para a maioria dos leitores.

O que tem a ver um antigo livro de oráculo chinês com uma revista médica?

Num espaço de tempo tão curto, provavelmente foi impossível esclarecer que o *I Ching* contém, em essência, um extrato da ciência natural chinesa. Este aspecto do *I Ching* é apresentado com muito maior clareza nos livros de Gräfe aqui constantemente mencionados. Talvez a primeira impressão seja corrigida pela exposição do seguinte surpreendente paralelo entre a ciência natural do *I Ching* e as mais recentes descobertas da genética nuclear.

Descoberta da ciência natural	Teoria filosófica
"FORMA"	"GESTALT"
O código genético	*I Ching.*

O livro da vida	*O livro das mutações*
(John Kendrew)	Compêndio da filosofia natural chinesa, compilada por Fu-Hsi e redigida por Confúcio.

1. Descoberto há dez anos, existe desde as primeiras manifestações de vida no planeta. Encerra todos os processos vitais de todos os seres vivos cuja estrutura, forma e hereditariedade são programados com detalhamento, preciso (*exigência universal*).

2. A base é constituída pela polaridade positiva e negativa da dupla hélice do DNA.

3. Quatro letras estão disponíveis para classificar esta hélice dupla: A-T, C-G (adenina, timina, citosina, guanina), interligadas aos pares.

4. Três destas letras sempre formam uma palavra-código para a síntese da proteína.

5. A "direção de leitura" das palavras-código é estritamente determinada ($\rightarrow$).

6. Existem 64 destas tríades cujas propriedades e "potências" afirmativas foram pesquisadas. Uma ou diversas tríades programam a construção de um entre os vinte aminoácidos. Seqüências bem determinadas destas tríades elaboram a forma e a construção de todos os seres vivos, desde a ameba até a brilhante pluma do pavão.

1. Todos os processos de desenvolvimento da vida através da totalidade da natureza estão sujeitos a um programa estritamente detalhado (de *reivindicação universal – física, metafísica, psicológica e moral*).

2. A base é constituída pela manifestação do princípio universal nos pólos primordiais Yang (—) e Yin (– –).

3. São necessários quatro números para a plenitude da vida:
   7 = Yang em repouso ———
   9 = Yang móvel —o—
   8 = Ying em repouso — —
   6 = Yin móvel $\rightarrow$ $\leftarrow$

4. Três destes números formam um trigrama, uma imagem primordial, um dos oito efeitos dinâmicos possíveis.

5. A "direção de leitura" dos trigramas é estritamente determinada($\uparrow$).

6. Há 64 trigramas duplos, designados e descritos em detalhe por Fu-Hsi (3000 a.C.) em imagens muito vívidas e precisas de estados dinâmicos altamente específicos (por ex.: "O irromper" ou "A opressão"), cada qual com seis variantes possíveis deste estado, e a subseqüente transformação para outro dos 64 estados ou hexagramas. Ou seja, há uma programação de destino na qual o homem está posicionado a cada instante na

7. Duas destas tríades denominam-se "início" e "fim". Marcam o começo e o término de uma frase-código mais longa.

"chave interruptora" do porvir; daí em diante o "trem" segue seu curso marcado.

7. Dois destes hexagramas (trigramas duplos) denominam-se "antes da conclusão" e "após a conclusão" (e freqüentemente abrem ou encerram as "melodias do destino" do oráculo).

Tabela do código genético (Watson-Crick)

Primeiro	Segundo U	C	A	G	Terceiro
U	Phe	Ser	Tyr	Cys	U
	Phe	Ser	Tyr	Cys	C
	Leu	Ser	ochre	?	A
	Leu	Ser	amber	Tyr	G
C	Leu	Pro	His	Arg	U
	Leu	Pro	His	Arg	C
	Leu	Pro	Gln	Arg	A
	Leu	Pro	Gla	Arg	G
A	Ile	Thr	Asn	Ser	U
	Ile	Thr	Asn	Ser	C
	Ile	Thr	Lys	Arg	A
	Met	Thr	Lys	Arg	G
G	Val	Ala	Asp	Gly	U
	Val	Ala	Asp	Gly	C
	Val	Ala	Glu	Gly	A
	Val	Ala	Glu	Gly	G

Tabela do *I Ching* de Fu-Hsi

De cima ► / Trigrama / De baixo ▼

1	2	3	4	5	6	7	8
2 Kun	23 Bo	8 Bi	20 Guan	16 Yü	35 Dsin	45 Tsui	12 Pi
15 Kien	52 Gen	39 Gien	53 Dsien	62 Siau Go	56 Lü	31 Hiën	33 Dun
7 Schi	4 Mong	29 Kan	59 Huan	40 Hië	64 We dsi	47 Kun	6 Sung
46 Schong	18 Gu	48 Dsing	57 Sun	32 Hong	50 Ding	28 Da Go	44 Gou
24 Fu	27 I	3 Dschun	42 I	51 Dschen	21 Schi Ho	17 Sui	25 Wu Wang
36 Ming I	22 Bi	63 Gi dsi	37 Gia Jen	55 Fong	30 Li	49 Go	13 Tung Jen
19 Lin	41 Sun	60 Dsië	61 Dschung Fu	54 Gui Me	38 Kui	58 Dui	10 Lü
11 Tai	26 Da Tschu	5 Sü	9 Siau Tschu	34 Da Dschuang	14 Da Yu	43 Guai	1 Kien

Há outras comparações que levam, na verdade, a paralelos maiores, porém diante da extrema disparidade de "linguagens" (a de Fu-Hsi e a de Watson e Crick!) levam também a um grande número de problemas específicos.

Idéias evocadas por estes impressionantes paralelos:

Será fortuita esta semelhança? Dificilmente!

O fato de a programação exata da identidade de toda uma vida em todos os seres vivos e de sua hereditariedade ser determinada por um código genético de 64 palavras, cada uma constituída de três letras (entre quatro possíveis), e de assim ter sido condicionado desde os primórdios da vida — portanto, bem antes de qualquer tomada de conhecimento — é uma das maiores descobertas, que tem as mais profundas conseqüências. Esta descoberta parece-nos plausível e ilumina mundos inteiros de conexões.

Saber que todos os outros desenvolvimentos e modelos de destinos e processos também estão sujeitos à mesma serena lei de causa e efeito e de programação, dentro de um sistema de 64 possibilidades de ênfase — inseridas numa multiplicidade matematicamente infinita de transformações em qualquer um de outros 64 possíveis estados (mesmo sem tomar conhecimento da lei do *I Ching*) — é um choque de extraordinária estranheza para a mente européia! E, sem dúvida, se confrontará com a mais aguda crítica, supressão, negação; tentar-se-á reduzi-lo a uma mera bagatela "porque o que não deve ser, não pode ser!" depois de 2.500 anos de filosofia ocidental ou, mais precisamente, desde Aristóteles.

No entanto, não conseguiremos fugir às perguntas: Serão ambos os "livros" manifestações de um princípio comum? Será que o que está envolvido aqui talvez seja um código universal descoberto há cinco mil anos pelos chineses — e, há dez anos, por Watson e Crick?

Em outras palavras: há somente um único espírito cuja manifestação (= informação?) tenha necessariamente que expressar-se nas 64 palavras do código genético por um lado, ou, por outro, nas 64 possíveis condições e desenvolvimentos do *I Ching*?(Note-se que se incluem aqui também todas as aberrações e desenvolvimentos errôneos!)

Uma lei que perpassa toda a natureza, em todos os seus diversos processos — físicos, espirituais, intelectuais e morais — determinados pelo destino?

Acredito que aqui vislumbra-se algo através dos olhos de um médico: uma visão científica totalmente inesperada sobre um mundo sadio, e já não mais alienado pela esquizofrenia, no qual a física e a metafísica são unas — assim como o foram para os pré-socráticos (enantiodromia) — ou como expressam as palavras finais de Gräfe em seu livro: "Na segurança, serenidade e felicidade".

O CÓDIGO GENÉTICO

Ainda que as bases da hereditariedade já fossem conhecidas desde a descoberta dos cromossomos, o fato de Watson e Crick terem identificado o DNA (ácido desoxirribonucléico) como portador da informação genética, em 1953, foi um marco revolucionário de progresso. Em 1962, os dois pesquisadores receberam a almejada recompensa do Prêmio Nobel. Uma versão muito simplificada do modelo Watson-Crick será suficiente para nossos propósitos de observação. O leitor interessado terá a possibilidade de ampliar seu conhecimento em livros técnicos, particularmente no relatório palpitante do próprio James D. Watson, intitulado *A dupla hélice*. O DNA, uma molécula semelhante a uma corrente de enorme comprimento e elevado peso molecular, é um cordão duplo contorcido, parecendo-se com uma escada em espiral, uma "hélice dupla" constituída de fios positivos e negativos que representam as matrizes da mensagem genética. Em si, o cordão duplo consiste em duas correntes alternadas de resíduos de ácidos fosfóricos e de desoxirribose (um açúcar comum), interligados num sistema simples, como um bloco de construção. Ambos os cordões estão unidos a intervalos regulares, como que por degraus de uma escada de corda, cada degrau consistindo de um par de bases. Há quatro bases: timina (T) — substituída por uracila (U) na transcrição — sempre tendo a adenina (A) como par no degrau oposto da escada, e a adenina invariavelmente constituindo um par com seu oposto complementar timina (T), que a completa. Do mesmo modo, a citosina (C) sempre tem como par a guanina (G), e vice-versa.

Portanto, A, G, C, T são as "letras" do código, formando um par com T, C, G, A do degrau paralelo da hélice dupla. Por causa de sua estrutura química e espacial encaixam-se exatamente, como os elementos de um zíper. Um trabalho esforçado e detalhado revelou o fato surpreendente de que três destas letras, isto é, uma seqüência de bases, sempre significam uma palavra-código, numa seqüência infinita de "palavras" (com pontuação), no substrato do cordão duplo. "Significam" quer dizer que a palavra-código deve ser compreendida como uma instrução de montagem de síntese, portanto não é o produto em si. Segundo leis matemáticas, é possível obter 64 destas combinações, conhecidas como tríades. De fato, detectou-se sua existência e reconheceu-se seu significado sempre igual, fixado por leis naturais, o que as tornou legíveis.

Uma ou mais destas palavras: A-A-A, A-C-G, G-C-A, etc. significam respectivamente a informação e as instruções necessárias para a formação de um aminoácido, um dos elementos constitutivos da proteína do corpo. Deste modo, uma seqüência bem-determinada de centenas de tais seqüências triplas é específica para a estrutura da proteína de uma parte bem precisa de uma criatura viva. Unicamente por causa destas instruções de formação, formuladas de modo tão preciso — e que, portanto, sempre devem permanecer invariáveis —, o mesmo produto protéico é formado sem cessar. A soma total de todas estas palavras-código é, assim, sinônima, desde as instruções de formação de uma plantinha bem-determinada até um corpo animal, com suas inúmeras características. Em alguns gêmeos nascidos de um único óvulo, as características são reproduzidas com uma precisão impressionante, tão idênticas como o reflexo num espelho. Para a formação de um vírus bastam algumas poucas centenas de "palavras-código"; para o homem são necessárias milhares delas. Se todas as 36 unidades de cromossomos do DNA fossem alinhadas, cada uma seria equivalente a um di-

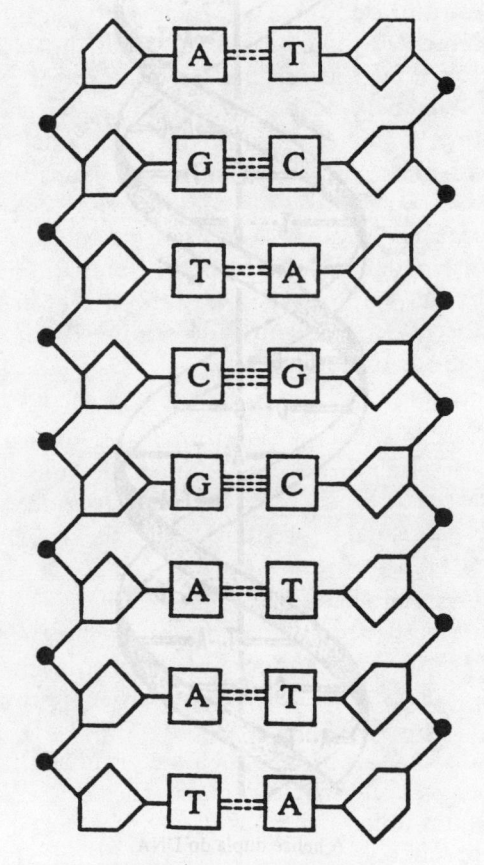

O esquema do código genético.

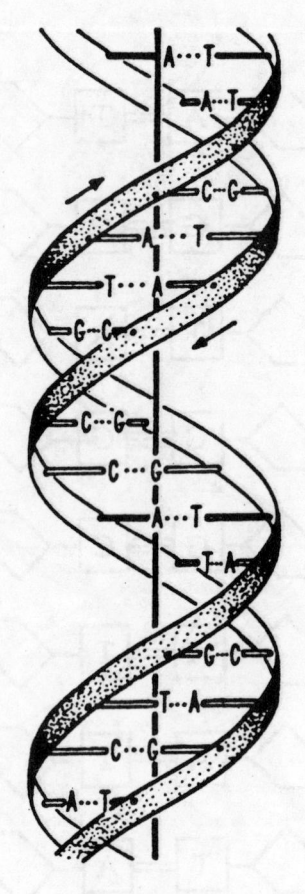

A hélice dupla do DNA.

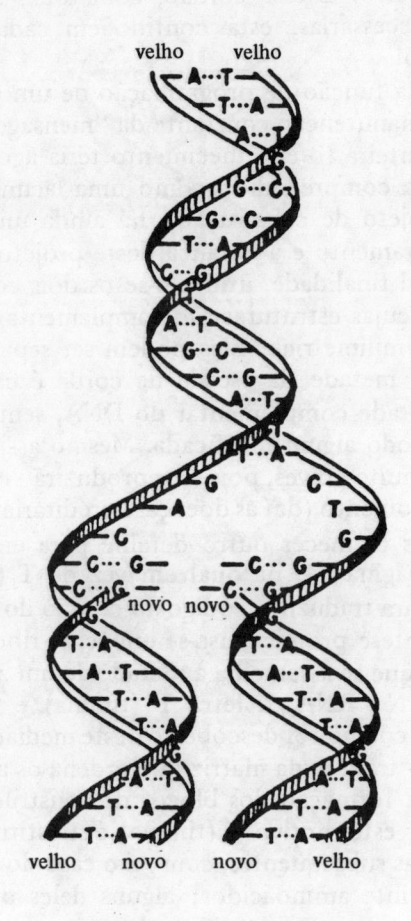

Reduplicação do esquema do DNA.

cionário de vinte mil páginas. Se o duplo cordão, contorcido bilhões de vezes, pudesse ser desdobrado, ele teria aproximadamente 1,3 metro. E esse cordão, com todas as instruções de construção necessárias, está contido em cada núcleo celular indiferenciado!

Além desta função de programação de um projeto de construção, e da manutenção constante da "mensagem herdada" durante a vida inteira (o envelhecimento teria agora uma nova conotação: seria compreendido como uma lacuna ou como uma avaria do projeto de construção), há ainda uma segunda função: o redobramento e a herança deste projeto de construção. Para atingir tal finalidade, utilizam-se os dois cordões da "escada de corda" cujas estruturas são complementares entre si, com uma precisão milimétrica. Eles podem ser separados como um zíper, e cada metade da escada de corda é capaz de montar uma nova metade complementar do DNA, sem que a informação seja de modo algum falsificada. Mesmo assim, os erros que ocorrem são muito graves, pois se reproduzirão continuamente a partir desse momento (daí as doenças hereditárias, o câncer, etc.)

Precisamos conhecer outro detalhe para entender a tabela publicada à página 34, na qual em vez de T (timina) aparece U (uracila). Para traduzir o código do cordão do DNA para a linguagem de síntese protéica, usa-se um ácido ribonucléico de um único cordão que se assemelha à metade de um zíper, conhecido como RNA. No RNA, a letra T (timina) é substituída por U (uracila). O código foi descoberto neste mediador entre o DNA e a proteína — trata-se da matriz que ordena os aminoácidos responsáveis pela formação dos blocos de construção, os polipeptídios — e por este motivo T (timina) é substituído por U (uracila) nas tabelas subseqüentes, como é o caso do RNA.

Existem vinte aminoácidos; alguns deles podem ter variações moleculares (supõe-se que se chegue a um total de 24). Na maioria dos casos, são necessárias várias palavras-código para sintetizar um aminoácido. Três palavras-código servem para a pontuação: "âmbar" (UAG) e "ocre" (UAA), assim como AUG para o início e o final de uma "frase" genética.

Primeira letra	U	C	A	G	Terceira letra
U	UUU ⎤ Phe UUC ⎦ UUA ⎤ Leu UUG ⎦	UCU UCC ⎤ Ser UCA UCG	UAU ⎤ Tyr UAC ⎦ UAA OCHRE (STOP) UAG AMBER (STOP)	UGU ⎤ Cys UGC ⎦ UGA Start UGG Tryp	U C A G
C	CUU CUC ⎤ Leu CUA CUG	CCU CCC ⎤ Pro CCA CCG	CAU ⎤ His CAC ⎦ CAA ⎤ GluN CAG ⎦	CGU CGC ⎤ Arg CGA CGG	U C A G
A	AUU ⎤ AUC ⎤ Ileu AUA ⎦ AUG Met = Start	ACU ACC ⎤ Thr ACA ACG	AAU ⎤ AspN AAC ⎦ AAA ⎤ Lys AAG ⎦	AGU ⎤ Ser AGC ⎦ AGA ⎤ Arg AGG ⎦	U C A G
G	GUU GUC ⎤ Val GUA GUG	GCU GCC ⎤ Ala GCA GCG	GAU ⎤ Asp GAC ⎦ GAA ⎤ Glu GAG ⎦	GGU GGC ⎤ Gly GGA GGG	U C A G

Tabela do Código Genético

Lista dos aminoácidos e de suas abreviações, como constam no código acima:

Ala	=	Alanina	Leu	=	Leucina
Arg	=	Arginina	Lys	=	Lisina
Asp	=	Ácido de asparagina	Met	=	Metionina
AspN	=	Asparagina	Phe	=	Fenilalanina
Cys	=	Cistina	Pro	=	Prolina
Glu	=	Ácido glutâmico	Ser	=	Serina
GluN	=	Glutamina	Thr	=	Threonina
Gly	=	Glicina	Trp	=	Triptophani
His	=	Histidina	Tyr	=	Tirosina
Ileu	=	Isoleucina	Val	=	Valina

Há várias indicações de que é perfeitamente concebível a existência de outras informações de caráter mnemônico, gravadas no DNA. Por essa razão, assim como o projeto de construção, os modelos de comportamento e os mecanismos instintivos são herdados porque estão "escritos" no DNA, a fim de serem transmitidos. Este âmbito de transição, em áreas normalmente não-materiais, é de particular interesse para o nosso estudo, pois pode-se dizer o seguinte: a duração da vida (o envelhecimento), a conduta sexual, o ritual da construção dos ninhos de pássaros — e, em algumas espécies, o cerimonial que envolve o cuidado que dispensam à cria — e, na verdade, todas as manifestações vitais de todas as criaturas incluindo-se o homem, são determinadas de antemão (torna-se necessário averiguar até que ponto!) em cada célula do corpo, mediante a severa e constante codificação do DNA, programado e disposto como "necessário". Seria possível este elemento imaterial ainda se estender para além de nossa perspectiva materialista? Será que no código do DNA não se encerra uma "linguagem" com um significado, um sentido, uma informação, uma expressão, um impulso e vida, de modo que se possa ver e reconhecer estruturas espirituais e materiais como um fluxo, emergindo do imaterial, do *Hyle* diretamente para a matéria visível? De qualquer maneira, a partir da descoberta do código genético com suas 64 palavras, não se pode mais ignorar o fato de que a informação não-material é inerente ao núcleo de qualquer criatura viva, como um computador, e molda, mantém e aumenta todas as formas da vida com uma dinâmica inimaginável. Pois o nosso modelo de DNA morto não mostra que o DNA está sempre sendo duplicado de modo idêntico, e sim que ele *VIVE*. Por exemplo, em 300 mil voltas da hélice, cerca de 15 mil devem ser desviradas por minuto para que a duplicação possa se completar em vinte minutos (o tempo normal de redobragem), um processo quase inconcebível, e que, portanto, ocorre nas células de cada ser vivo, toda vez que há uma divisão celular.

Com constante crescimento de conhecimentos — um processo parecido com uma avalanche — houve a necessidade de se explicar, pelo menos, não importa quão breve e fragmentariamente, estes dados básicos que geram amplos campos desconhecidos para muitos leitores eruditos, apesar de já constarem do currículo do curso secundário escolar. Um sistema universalmente válido, constituindo o conteúdo, a lei e a programação de toda e qualquer forma de vida da totalidade vegetal, animal e humana do planeta — na multiplicidade de seus milhares de revestimentos — pode ser vislumbrado pela primeira vez, em seu significado pleno, em *O livro da vida*.

O CÓDIGO DO I CHING

Apesar da dificuldade de transmitir as noções básicas do código do DNA-RNA, ainda muito mais difícil é falar a respeito do *I Ching*, talvez o livro mais antigo da literatura mundial. De qualquer maneira, graças ao comentário de C.G. Jung em *O segredo da flor dourada*,[1] a obra ficou conhecida entre os psicólogos. R. Wilhelm traduziu o *I Ching, O livro das mutações*, para o alemão durante longos anos de minucioso trabalho junto a eminentes eruditos chineses[2]. Esta tradução só foi plenamente aceita depois de se proceder à versão do trabalho do alemão para o chinês, a fim de confirmar a precisão do sentido. Mencionamos este fato para excluir de nossa consideração várias outras edições alemãs do *I Ching* que, apesar de baseadas na tradução de R. Wilhelm, não contam com sua detalhada precisão e trazem simplificações inadmissíveis, além de deformações de sentido.

Claro, seria muito mais fácil apresentar o conteúdo do significado do *I Ching* ao leitor europeu e ao cientista, livre da pátina dos milênios que se passaram desde suas origens. Porém, isso seria uma falsificação. Por esta razão, nos limitaremos a transmitir apenas algumas indicações a respeito do *I Ching*, iluminando suas inúmeras facetas como "fórmula de mundo" — para usar uma expressão moderna —, contendo uma cosmogonia e um ensinamento que reivindicam a validade de uma teoria geral das origens do mundo visível a partir de um princípio primordial, o Tao, que, na verdade, está além de qualquer possibilidade de definição. Esta manifestação, este emergir, é sempre polar. Os pólos do mundo chamam-se Yang e Yin. Eles se condicionam mutuamente, complementam-se e se unem, manifestam-se em repouso ou em movimento, assim como, por exemplo, a eletricidade (com seu pólo positivo e negativo) que pode ser estática ou flutuante. No entanto, o mundo manifesto não é concebido como uma mistura vaga de quantidades polares, mais sim como ordenado sobre leis matemáticas, segundo quânticos polares que emergem da potencialidade criativa "zero" (na verdade, o Tao).

O pólo positivo é representado no *I Ching* por uma linha inteira ininterrupta que, desenhada sobre a folha de papel até então em branco, posiciona o acima e o abaixo, o à frente e o atrás, o à direita e o à esquerda:

A unidade: ▬▬▬▬▬▬▬▬   *"A viga mestra"* [3]

Na estrutura polar, um "conceito" está subordinado a todo o princípio. A unidade Yang designa: positivo — masculino — céu — ativo — o que emerge — Sol — o sul — luminoso — firme.

No *Tao Te King*, redigido posteriormente por Lao-Tsé, lemos o seguinte na tradução do professor Siegbert Hummel (*A polaridade na filosofia chinesa):* [4]

"O Tao implanta o uno (ao mesmo tempo que a si mesmo); o uno compõe o dois (ao mesmo tempo que a si mesmo); Yang e Yin implantam o três (ao mesmo tempo que a si mesmos); e o três compõe a todos os seres (ao mesmo tempo que a si mesmo)."

A dualidade: ▬▬▬▬ ▬▬▬▬

O Yin designa: negativo — feminino — Terra — passivo — o que submerge — obscuro (mais especificamente a sombra, que é condicionada pela luz) — norte — suave. Aqui se afirma diretamente (e não como alguns tradutores, que falam com leviandade de algo "invertido", segundo nosso hábito) o seguinte:

No *I Ching,* o sul encontra-se "acima" e o norte, "abaixo".

A preservação deste eixo cósmico comprova-se, a seguir, como essencial! O leste e o oeste estão "trocados" segundo nossa visão habitual. Há ainda um segundo mal-entendido: os pólos não são concebidos invariavelmente como dualistas, e sim como uma contínua mutação e transição de forças, a mutação sendo em parte a perpétua transformação de um no outro, e em parte um fluxo circular fechado de ocorrências complexas que se encerram entre si, assim como o dia e a noite, o verão e o inverno.

Esta polaridade em mutação é representada claramente no T'ai-Chi. Aqui as duas polaridades complementares estão inscritas como fundindo-se num círculo, cada qual contendo a semente (em mutação) de seu pólo oposto.

T'ai-Chi

Transcrito no traço linear, a linha inteira ▬▬▬▬▬ representa o pólo luminoso, símbolo do masculino, do criativo, do céu; já a linha partida ▬▬ ▬▬ representa o pólo escuro, símbolo do feminino, do receptivo e da Terra. Entretanto, a necessidade de uma diferenciação ainda maior parece já haver estado latente desde a remota antigüidade, e assim surgiram combinações partindo da duplicação das linhas simples." (R. Wilhelm, *O livro das mutações*, IV/V)

Sul
AR

Leste FOGO ▬ ▬   Oeste ÁGUA

TERRA
Norte

Ou então ▬▬▬ Yang "velho", ou em repouso   ▬▬ ▬ Yang "novo", ou animado

▬ ▬ Yin "velho", ou em repouso   ▬▬ Yin "novo", ou animado

Estas são as quatro "letras" do código do *I Ching*.

A seguinte passagem é extraída e citada textualmente de *O livro das mutações*, de R. Wilhelm:

"A cada uma dessas combinações adicionou-se uma terceira linha. Assim surgiram os oito trigramas. Esses oito trigramas foram concebidos como imagens de tudo o que ocorre no céu e na Terra. Sustentava-se também que eles se acham num estado de contínua transição, passando de um a outro, assim como uma transição sempre está ocorrendo, no mundo físico, de um fenômeno para outro. Aqui se tem o conceito fundamental de *O livro das mutações*. Os oito trigramas são símbolos que representam mutáveis estados de transição. São imagens que estão em constante mutação. Focalizam-se não as coisas em seus estados de ser — como acontece no Ocidente —, mas seus movimentos de mutação. Os oito trigramas, portanto, não são representações das coisas enquanto tais, mas de suas tendências de movimento."

Estas oito imagens vieram a adquirir múltiplos significados. Representavam certos processos na natureza, correspondentes às suas próprias características. Representavam, ainda, uma família composta de pai, mãe, três filhos e três filhas, não no sentido mitológico pelo qual os deuses gregos povoavam o Olimpo, mas no que poderia ser chamado de sentido abstrato, ou seja, expressando não entidades objetivas, mas funções.

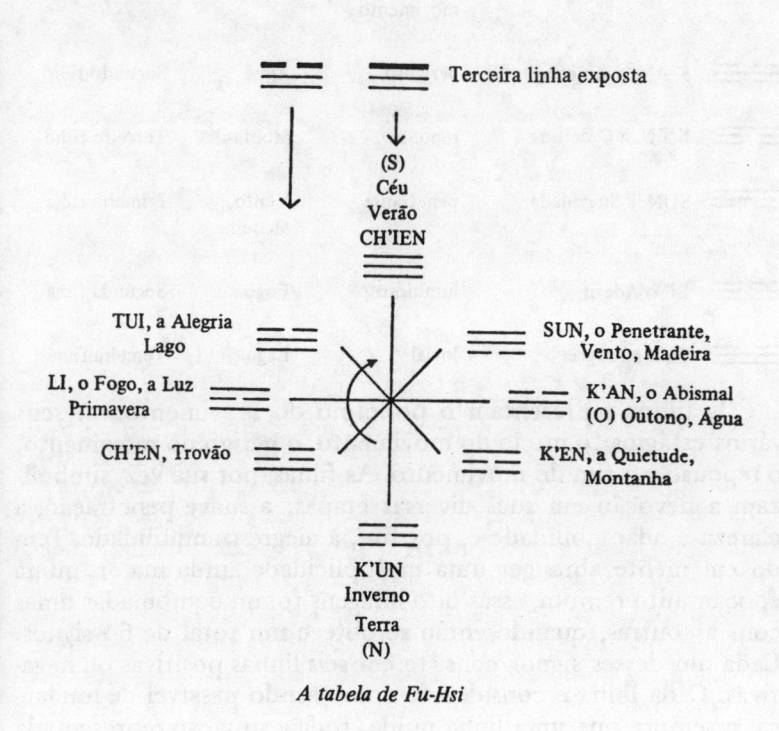

A tabela de Fu-Hsi

Se passarmos detalhadamente por estes oito símbolos nos quais *O livro das mutações* está fundamentado, obteremos a seguinte ordem:[5]

	Nome	Característica	Imagem	Família
☰	CH'IEN, o Criativo	forte	Céu	Pai
☷ ☷	K'UN, o Receptivo	abnegado maleável	Terra	Mãe
☳	CH'IEN, o Incitar	provoca o movimento	Trovão	Primeiro filho
☵	K'AN, o Abismal	perigoso	Água	Segundo filho
☶	K'EN, a Quietude	repouso	Montanha	Terceiro filho
☴	SUN, a Suavidade	penetrante	Vento, Madeira	Primeira filha
☲	LI, o Aderir	luminoso	Fogo	Segunda filha
☱	TUI, a Alegria	jovial	Lago	Terceira filha

Os filhos representam o princípio do movimento em seus vários estágios: o início do movimento, o perigo no movimento, o repouso e o fim do movimento. As filhas, por sua vez, simbolizam a devoção em suas diversas etapas: a suave penetração, a clareza e adaptabilidade e, por fim, a alegre tranqüilidade. Tendo em mente abranger uma multiplicidade ainda maior, numa época muito remota, essas oito imagens foram combinadas umas com as outras, quando então se obteve um total de 64 signos. Cada um desses signos consiste em seis linhas positivas ou negativas. Cada linha é considerada como sendo passível de mudança, e sempre que uma linha muda, toda a situação representada pelo hexagrama também muda. Tomemos, por exemplo, o hexagrama K'un, o Receptivo, Terra: ☷ ☷

Este hexagrama representa a natureza da Terra, a poderosa abnegação. Quanto às estações, corresponde ao final do outono, quando todas as forças da vida se encontram em repouso. Mudando-se a linha inferior, surge o hexagrama Fu, o Retorno:

☳☷

Este representa o trovão, o movimento que volta a se agitar no interior da Terra, na época do solstício. Simboliza o "retorno da luz".

Nesta ordem primordial de Fu-Hsi, resultado das primeiras observações da natureza, mostram-se *quatro pares* de cada vez, numa seqüência que, como estrutura, só deve ser entendida deste modo e de nenhum outro: integrando-se, isto é, penetrando um no outro, polar, em contato mútuo, e inter-relacionado. A frase mnemônica atribuída a Fu-Hsi é a seguinte (R. Wilhelm, *O livro das mutações*, cap. 11, pág. 199):

"Céu e Terra determinam a direção. Montanha e lago unem suas forças. Trovão e Vento estimulam-se um ao outro. Água e Fogo não se combatem. Assim, os oito trigramas interligam-se. O resgistro do que ocorre e segue rumo ao passado depende do momento progressivo. O conhecimento do que acontecerá depende do movimento retroativo. Por isso há, em *O livro das mutações*, algarismos em ordem decrescente."

A direção de rotação natural é a do sentido horário e mostra o decorrer do ano. Assim, parece-nos estranho afirmar que "o conhecimento do que acontecerá depende do movimento retroativo". Teremos de percorrer um longo caminho na ciência ocidental antes de encontrarmos a teoria do movimento "retroativo", a reversão do tempo, o desaparecimento e o aparecimento na manifestação de partículas carregadas de pólos positivos e negativos, e o cálculo de situações futuras, até a menção da rotação contrária do relógio. Isso só acontece nos resultados e nas teorias da física atômica — e na dupla hélice do DNA. Em todo o arco de tempo dos séculos que se passavam, nenhuma filosofia natural menciona o positivo e o negativo — nem a reversão do tempo, ou o movimento no sentido do relógio e seu movimento oposto, nem tampouco a transformação da energia em matéria — a não ser esta filosofia natural do *I Ching*, na qual os deuses já não são necessários. Ou seja, já não se tem necessidade de forças sobrenaturais, de princípios imateriais geradores de forças, de idéias, tendências de ordenação, pontos cardeais e esteronomias. Revestida de roupagens arcaicas, deparamo-nos com uma ciência natural exata, em seus primórdios! E mais ainda: se a física moderna com todas as suas fórmulas for incapaz de ordenar o fenômeno mental de modo apropriado e em concordância com as leis naturais, esta possibilidade também está contida no aspecto psicológico do *I Ching*.

Recapitulando, citamos a seguir os aspectos do *I Ching* já discutidos:

1. A cosmogonia (Tao—Yang—Yin).
2. A formulação de toda a existência (Espírito — Alma — Matéria) por oito imagens primárias, em suas 64 manifestações no âmbito espaço-temporal.
3. Seu aspecto de rotação para a direita (movendo-se no sentido do relógio, assim como as imagens das estações dos trigramas primários), e o aspecto de rotação inversa (isto é, o movimento anti-horário, ou para a esquerda), que nos parece muito desconcertante já que para nós não é habitual.

Segundo os ensinamentos do *I Ching* a respeito da espaço-temporalidade a se desdobrar a partir das sementes dos oito trigramas primordiais (uma vez que o "mundo" é lido para a direita), também deve haver um caminho retroativo, contrário ao decorrer natural dos acontecimentos. Através deste retrocesso, as sementes seriam reconhecidas, o passado compreendido e poder-se-ia prever o desenvolvimento futuro seguindo a lei, caminho este aberto ao sábio através de seu discernimento intuitivo dentro do curso da natureza de acordo com os trigramas primordiais em suas 64 combinações, cada qual encerrando seis degraus possíveis.

Por enquanto, esta é a informação a ser apreendida sobre o uso do *I Ching* como livro de sabedoria, segundo uma metodologia extremamente peculiar, baseada em manipulações aparentemente fortuitas. Falaremos mais a respeito.

Voltamos agora ao aspecto psicológico e biológico das imagens arcaicas. Em trabalho conjunto realizado com profundos conhecedores do *I Ching* — o lama Anagarika Govinda e Jean Gebser — tentou-se encontrar termos de ordem superior para os quatro pares de imagens arcaicas (os oito trigramas primordiais) do *I Ching,* "interagindo" em seus aspectos tanto psicológicos como orgânicos. Tais termos deveriam corresponder ao sentido da tradução de R. Wilhelm e evitar falsificações de ordem dualista e exclusiva geradas pela introdução de conceitos comuns compreensíveis para a psicologia européia, tais como a vontade, a razão, o sentimento etc., que permitiriam pressentir ainda a unidade da imagem e da palavra do texto chinês. Deveriam, portanto, estar "afinados", representando ao mesmo tempo a verdadeira realidade dos quatro pares integrados entre si e limitados na polaridade (deste modo, e de nenhum outro) em sua aparência e função espiritual-anímica-física.

A validade dos oito "poderes" não deve de modo algum ser excluída nem do âmbito material. No entanto, nossa linguagem — que tende mais a dividir a verdadeira realidade, dissociando-a, do que a revesti-la de uma imagem vívida — falha neste ponto.

Iniciemos pelo eixo sul-norte:

$\equiv$ Céu, "pólo positivo", o masculino, o Criativo.

$\equiv\ \equiv$ Terra, "pólo negativo", o feminino, o Receptivo.

Designação: *O-surgir-na-manifestação*

Este pré-requisito para tudo o que é dotado de uma forma e que existe na polaridade, é o eixo do-que-surge-na-manifestação justamente através do desdobramento polar, do Yang-Yin. Há aqui o mais óbvio domínio da tensão polar entre parceiros que se complementam profundamente, e que se condicionam mutuamente. Um símbolo de amor e de casamento é fornecido como início, fundamento e — por estar sempre ressurgindo — também como meta do relacionamento homem-mulher, a fascinação sexual, Eros unindo a fascinação e o amor pelo belo, o aconchego existencial e a harmonia interna. Leia o lindo hexagrama da união conjugal, o n.º 11 no *I Ching,* a *Paz:*

e seu oposto, a paralisação do casamento, a Estagnação

onde os pólos se afastam (tendência à separação. Citação do *I Ching* sobre o hexagrama n.º 12:

"O Receptivo, cujo movimento tende a descer, está acima; o Criativo, cujo movimento se eleva, está abaixo. Assim, suas influências encontram-se, estão em harmonia, e todos os seres florescem e prosperam!"

A validade do eixo para *todos* os âmbitos da natureza pode ser aqui realizada: no átomo, como tensão elétrica entre a semente positiva-negativa; no reino animal, como a hélice positiva-negativa do DNA; no reino vegetal, onde todas as plantas se enraízam na terra e anseiam pela luz; na esfera espiritual, com a polaridade da idéia imaterial e o surgimento material e, em termos budistas, o vazio e a forma.

No segundo eixo, o horizontal, temos:

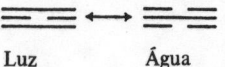

Luz	Água
Fogo	O Abismal
Visualizar	Perceber no escuro

Designação: *Perceber*

Portanto, trata-se de dois trigramas opostos, interligados em sua polaridade. A função de "percepção" os une em nossa interpretação. Deixemos de lado a compreensão no nível físico. Temos aqui no nível vegetal, mais nitidamente do que no primeiro eixo, uma percepção ativa, por mais vaga que seja, do reino da Terra, úmido e escuro por um lado e, por outro, de um passivo abrir-se ao cálido e luminoso céu e ao Sol (helioprotismo) intuído como uma unidade que é precisamente um "aperceber-se", um discernir. No nível humano-espiritual, o paralelo encontra-se na experiência irracional intuitiva (passiva) que C. G. Jung também relaciona com o pensamento racional, com a infiltração na compreensão.

Quanto ao cruzamento do eixo:

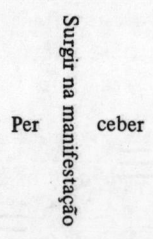

cuja validade pode constituir um vislumbre para todas as criaturas na natureza; acrescentamos agora o eixo sudoeste-noroeste:

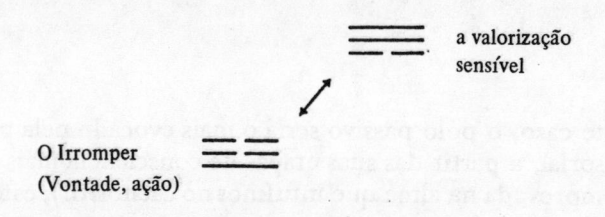

Designação: *A efetivação (o agir)*

Torna-se ainda mais difícil para nós imaginar sua existência no âmbito físico e vegetal nessa função cósmica. Porém, no reino animal, a polaridade da função anímica, intensiva, passiva-preenchedora e valorizadora (por exemplo, os inúmeros registros de sentimentos de um de nossos amigos do reino animal, o cachorro!) e a manifestação vital premente, ativa, do tipo motor e agressivo que provê um amplo campo de observação para pesquisa de comportamentos (o cientista do "behaviorismo") que se depara com uma integração cada vez mais freqüente entre a conduta animal e a humana. De fato, percebemos facilmente o "sentimento e a vontade" como um âmbito de existência atuante e ativo. No hexagrama n.º 42 (Aumento, o casamento do céu e da Terra) e no 32 (Duração, o matrimônio) esses trigramas estão unidos.

O quarto eixo arredonda as imagens da vida e da alma:

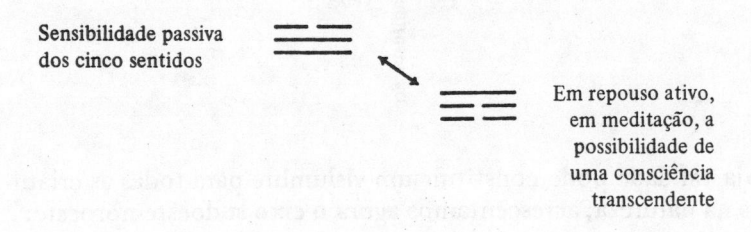

Sensibilidade passiva dos cinco sentidos

Em repouso ativo, em meditação, a possibilidade de uma consciência transcendente

Designação: *Conscientizar-se*

Neste caso, o pólo passivo seria o mais evocado pela percepção sensorial, a partir das suas etapas de consciência mais primitiva (comprovada na alma que intuímos no cachorro!), estendendo-se até os mais elevados níveis de consciência que somos capazes de apreender. O pólo ativo da consciência transcendente, a iluminação da humanidade, da religião, da experiência de Deus e da metafísica, só é possível no plano humano. A meditação, a imobilidade ativa, o cessar do fluxo das percepções sensoriais passivas (em termos budistas, a conscientização do pensamento como sexto sentido) e o pensamento não controlado e automático possibilitam o mais elevado nível da criação: trata-se do "sábio" ou "santo", a que se refere o *I Ching,* que vê através das sementes do destino, e que se coloca ao centro, e em total harmonia com a "lei". Porém, isso também acontece em todas as grandes religiões. Particularmente no cristianismo, com especial ênfase para o amor pessoal, imbuído da plena responsabilidade na imitação de Cristo. No hexagrama n.º 41 (Diminuição, com destaque para a simplicidade, o ascetismo) e no n.º 31 (Influência ou Cortejar, mais um hexagrama referente à harmonia conjugal), esses trigramas estão unidos.

Fecha-se assim esta estrutura, completando o círculo da existência dos pólos interligados: *o surgir-na-manifestação* de toda a existência *a percepção* da luz e da sombra (plantas e animais) e a *efetivação* no sentido e na vontade (reino animal).

Tomar consciência (reino humano) através da integração das qualidades, das sensações e da conscientização, até à realização do *Todo.* Deste modo, nosso padrão de designação aplicado aos cordões vivos do DNA nos fornece meios de compreender como, com o surgimento deste cordão-duplo (Yang-Yin) positivo-negativo, também ocorrem as capacidades polares de *percepção, efetivação* e *conscientização,* cujas simples formas manifestas estão à disposição de qualquer biólogo, mesmo quando ele utiliza outra terminologia (ciência "behaviorista", etc.). O fato de que é difícil responder à pergunta: O que é consciência?, para o que diz respeito a animais, e mais ainda a plantas, não invalida a realidade de tal consciência.

O I CHING COMO FÓRMULA UNIVERSAL

Enquanto John Kendrew cunhou o nome *O livro da vida*, tão apropriado para o código genético de 64 sinais, o *I Ching* significa a Constância e a Mutação, ou simplesmente, *O livro das mutações*. Este compêndio de filosofia natural chinesa oferece ambas as coisas: um catálogo dos 64 hexagramas (= estados ou situações) que Leibniz mencionou com admiração em 1713 ao apresentar seu sistema matemático binário, e cujas mutações e transformações também incorrem num outro desses 64 estados. Portanto, o *I Ching* reivindica nada menos do que um catálogo exaustivo de todos os desenvolvimentos da natureza, de todos os processos e desdobramentos, para tudo o que existe como mundo diferenciado, para tudo o que evolui a partir de uma "origem invisível" (Jean Gebser) inconcebível até para a existência tridimensional, desdobrando-se numa seqüência trinária de tempo (passado, presente e futuro). Para Leibniz, o mais relevante entre os caracteres do *I Ching* era o paralelo com seu sistema numeral binário (diádico). Em seus escritos, a seqüência dos "hexagramas" é determinada pelas séries binárias de números, e não corresponde à do *I Ching* (ver a seguir). Na valiosa tradução da obra de Leibniz do francês (1968) mencionada acima por R. Loosen e F. Vonessen e intitulada *Duas cartas a respeito do sistema binário e a filosofia chinesa,* Leibniz comenta em especial o paralelo entre o sistema binário e o *I Ching*. Esta obra tem um epílogo redigido por Jean Gebser intitulado: "Sobre os cinco mil anos de história do sistema binário de Fu-

Hsi" (G.W. Leibniz — Norbert Wiener). Leibniz também trata detalhadamente de inúmeras relações metafísicas entre o *I Ching* e o enfoque ocidental e cristão. O que ele visa claramente é uma união que o culmine, sua meta é a identidade de dois mundos reciprocamente tão remotos, através de uma *Pansophie* una, uma *Ars Combinatoria,* ou *lingua naturae*, uma *scriptura universalis*. Empreendimento este que, após séculos de pesquisas fragmentadas em inúmeras linhas especiais, é reconhecido como legítimo nos trabalhos de Einstein, Planck, Schrödinger e Heisenberg: encontrar uma fórmula de mundo — cada vez mais nítida e já não mais disfarçada — que não seja motivo de escárnio como antes. Num de seus ensaios intitulado "A unidade da natureza na época de Alexander von Humboldt e na atualidade" (publicado no jornal *Süddeutsche Zeitung* n.º 310 de Munique, em 27/28 de dezembro de 1969), que, ao mesmo tempo, é o texto de uma conferência em memória de Alexander von Humboldt, após dar um panorama histórico geral, Werner Heisenberg fala sobre a Unidade da Natureza coesa, que, após haver sido aparentemente perdida de vista, volta a ser mencionada justamente em nossos dias, examinada à luz da ciência moderna. Heisenberg fala de seu ressurgimento nos princípios que regem as mínimas partículas da matéria; disserta sobre o surpreendente aparecimento da morfologia, a ciência das formas. Pois sem sua aplicação "o comportamento dos átomos não pode ser compreendido". A respeito deste ponto é necessária a persistência das formas postuladas por Bohr, em sua teoria sobre as órbitas estacionárias. A física e a química aparecem como uma unidade à luz desta teoria, e quase não se pode duvidar que mais cedo ou mais tarde a biologia também venha a ser integrada nessa unidade. E continua dizendo: "A unidade será restabelecida através das formas subjacentes a todos os eventos que, por seu lado, são a expressão de certas propriedades fundamentais da simetria nas leis da natureza. . ." "Trata-se das propriedades matemáticas de transformação em espaços completamente abertos, apenas discerníveis para o matemático, por trás da multiplicidade colorida dos fenômenos." Após uma mais profunda observação sobre a "primazia da forma abstrata. . . na biologia moderna" com um registro do código químico de informação genética inscrito nos cordões das moléculas do DNA, Heisenberg afirma numa frase lapidar: "Acreditamos reconhecer que algumas poucas simetrias fundamentais e formas básicas são suficientes, através de sua repetição e interação, para criar um modelo infinitamente complexo dos fenômenos observáveis". Há uma tal fórmula de mundo de filosofia natural no *I Ching* e em seus símbolos, descobertos por Fu-Hsi em 3000 a.C. através de um vislumbre da Natureza incompreensível para nós, e mais tarde ordenados pelo rei Wen em sua forma atual. Esta fórmula de mundo é de tal ordem que bem poderia fecundar o pensamento ocidental, do mesmo modo como as teorias muito mais simples e inexatas elaboradas por Demócrito a respeito do átomo perduraram durante séculos, deixando efeitos profundos. As intenções de Leibniz pairaram sem dúvida sobre algo parecido, porém o capítulo de síntese de seu trabalho extensivo sobre a filosofia chinesa e o *I Ching* não chegou a ser completado: ele morreu ao escrevê-lo. A obra termina na metade de uma frase, como a última fuga de Bach.

Reproduziremos aqui o paralelo entre o sistema binário e o *I Ching* segundo a versão de Leibniz, sendo a seqüência dos hexagramas determinada pela ordem de números binários e não pela numeração do *I Ching*, o que é perfeitamente aceitável do ponto de vista técnico se adotarmos essa hipótese de trabalho (já que a ordem binária começa com o 0, o sistema decimal só vai até 63, e no *I Ching* o símbolo 63 é o primeiro!). É preferível reproduzir aqui a tabela do livro mencionado acima: *"Duas cartas a respeito do sistema binário e a filosofia chinesa, o diádico e o Ih-King* (adotamos a grafia de Leibniz). Em vez de usar os caracteres chineses para designar os hexagramas, a tradução de R. Wilhelm vem a seguir sob a letra E.

O Sistema Binário e o I CHING

A   Sistema decimal
B   Sistema binário
C   Hexagrama do *I Ching* com sua numeração, sua grafia, e a tradução segundo R. Wilhelm
D   Nome chinês do hexagrama
E   Tradução de R. Wilhelm

Tabela que corresponde ao livro: Leibniz, G.W., *Duas cartas a respeito do sistema binário e a filosofia chinesa.*

O I Ching no Contexto do Código Genético.

A	B	C	D	E
0	000000	☷	2. KUN	O Receptivo
1	00000L	☳	24. FU	Retorno
2	0000L0	☵	7. SHIH	O Exército

* O rei Wen e seu filho, o duque de Chov, redigiram textos importantes do *I Ching*, para elucidar os símbolos de Fu-Hsi. O rei Wen viveu por volta de 1100 a.C. (*N.T.*)

A	B	C	D		E
3	0000LL		19.	LIN	Aproximação
4	000L00		15.	CH'IEN	Modéstia
5	000L0L		36.	MING I	Obscurecimento da Luz
6	000LL0		46.	CHONG	Ascensão
7	000LLL		11.	TAI	Paz
8	00L000		16.	YU	Entusiasmo
9	00L00L		51.	CHEN	O Incitar (Trovão)
10	00L0L0		40.	HSIEH	Liberação
11	00L0LL		54.	KUEI MEI	A Jovem que se Casa
12	00LL00		62.	HSIAO KUO	A Preponderância do Pequeno
13	00LL0L		55.	FENG	Abundância (Plenitude)
14	00LLL0		32.	HENG	Duração
15	00LLLL		34.	TA CHUANG	O Poder do Grande
16	0L0000		8.	PI	Manter-se Unido (Solidariedade)

A	B	C	D	E
17	OLOOOL		3. CHUN	Dificuldade Inicial
18	OLOOLO		29. K'AN	O Abismal (Água)
19	OLOOLL		60. CHIEH	Limitação
20	OLOLOO		39. CHIEN	Obstrução
21	OLOLOL		63. CHI CHI	Após a Conclusão
22	OLOLLO		48. CHING	O Poço
23	OLOLLL		5. HSU	A Espera
24	OLLOOO		45. TS'UI	Reunião
25	OLLOOL		17. SUI	Seguir
26	OLLOLO		47. KUN	Opressão (A Exaustão)
27	OLLOLL		58. TUI	Alegria (Lago)
28	OLLLOO		31. HSIEN	A Influência (O Cortejar)
29	OLLLOL		49. KO	Revolução
30	OLLLLO		28. TA KUO	Preponderância do Grande

A	B	C	D	E

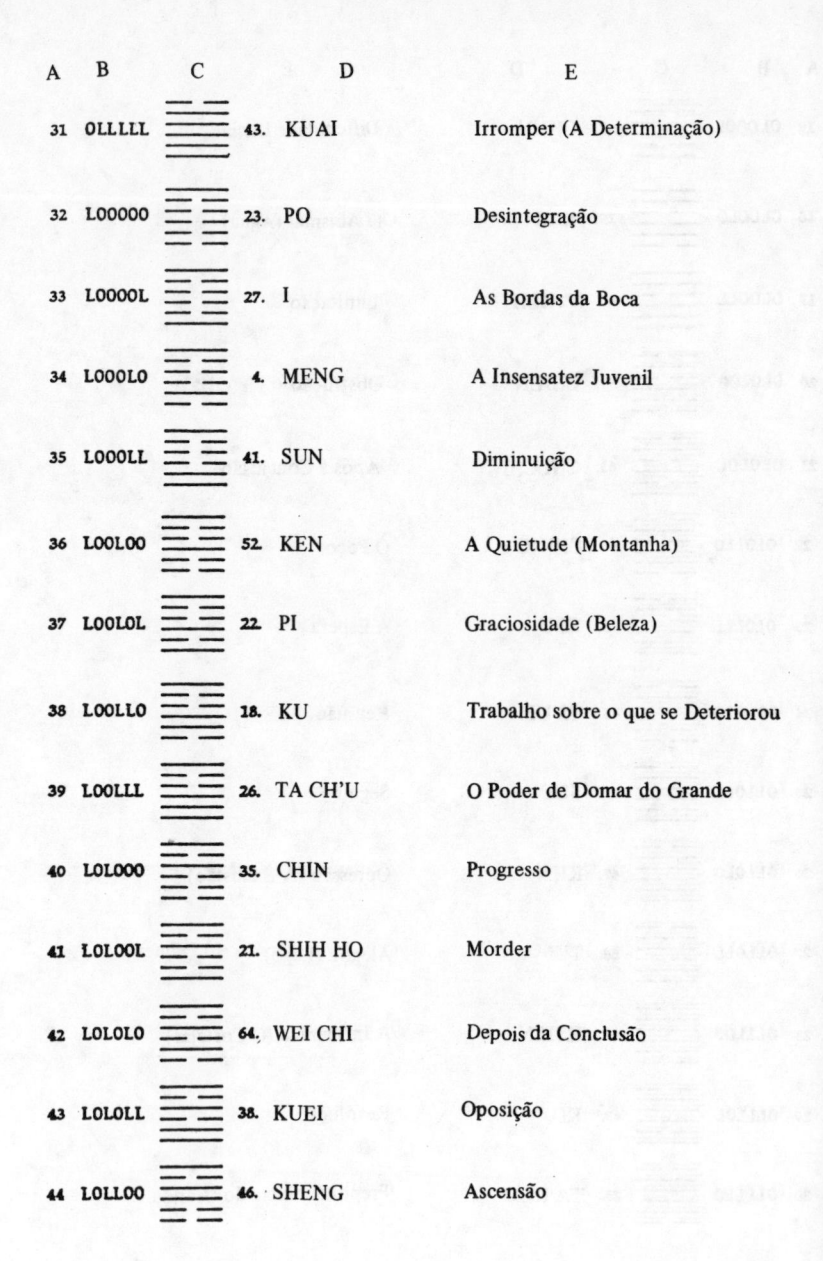

A	B	C	D	E
31	OLLLLL		43. KUAI	Irromper (A Determinação)
32	LOOOOO		23. PO	Desintegração
33	LOOOOL		27. I	As Bordas da Boca
34	LOOOLO		4. MENG	A Insensatez Juvenil
35	LOOOLL		41. SUN	Diminuição
36	LOOLOO		52. KEN	A Quietude (Montanha)
37	LOOLOL		22. PI	Graciosidade (Beleza)
38	LOOLLO		18. KU	Trabalho sobre o que se Deteriorou
39	LOOLLL		26. TA CH'U	O Poder de Domar do Grande
40	LOLOOO		35. CHIN	Progresso
41	LOLOOL		21. SHIH HO	Morder
42	LOLOLO		64. WEI CHI	Depois da Conclusão
43	LOLOLL		38. KUEI	Oposição
44	LOLLOO		46. SHENG	Ascensão

68

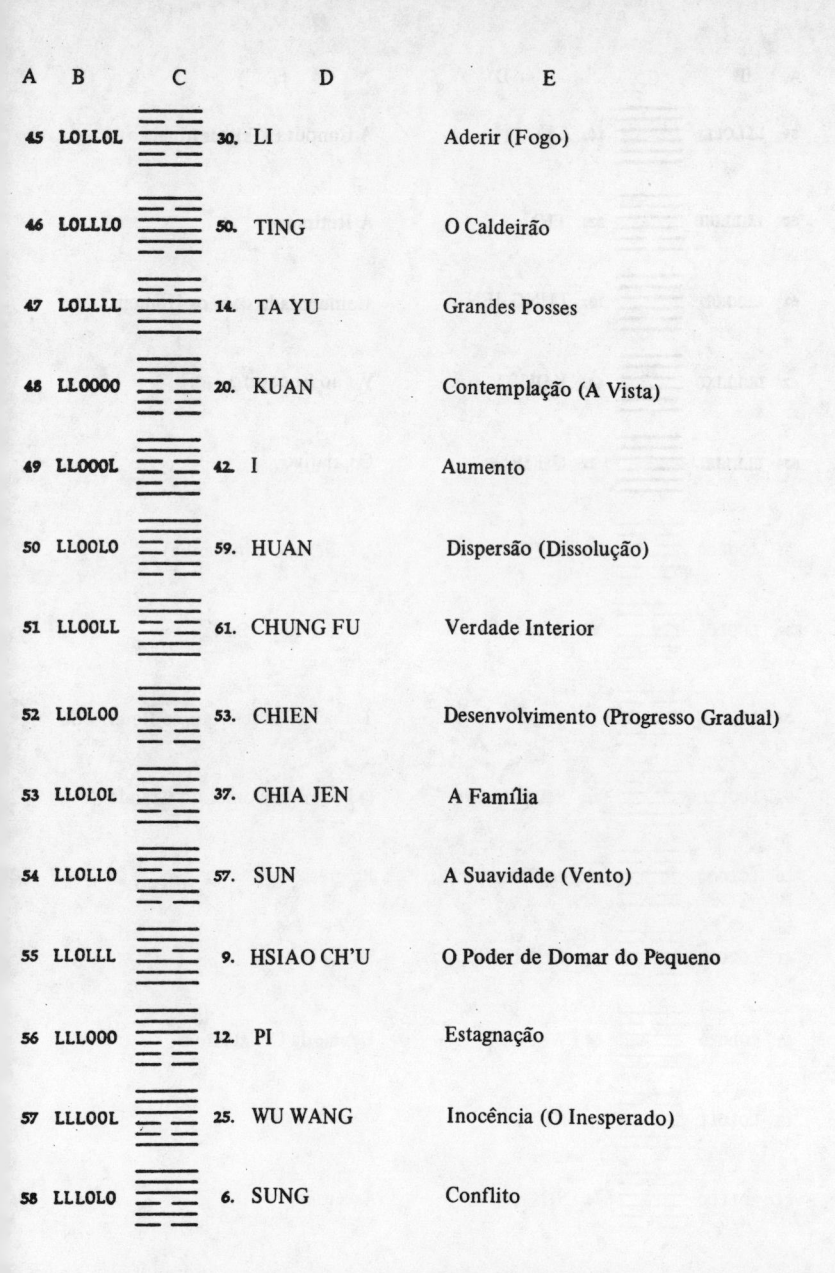

A	B	C	D	E
45	LOLLOL		30. LI	Aderir (Fogo)
46	LOLLLO		50. TING	O Caldeirão
47	LOLLLL		14. TA YU	Grandes Posses
48	LLOOOO		20. KUAN	Contemplação (A Vista)
49	LLOOOL		42. I	Aumento
50	LLOOLO		59. HUAN	Dispersão (Dissolução)
51	LLOOLL		61. CHUNG FU	Verdade Interior
52	LLOLOO		53. CHIEN	Desenvolvimento (Progresso Gradual)
53	LLOLOL		37. CHIA JEN	A Família
54	LLOLLO		57. SUN	A Suavidade (Vento)
55	LLOLLL		9. HSIAO CH'U	O Poder de Domar do Pequeno
56	LLLOOO		12. PI	Estagnação
57	LLLOOL		25. WU WANG	Inocência (O Inesperado)
58	LLLOLO		6. SUNG	Conflito

A	B	C	D		E
59	LLLOLL		10.	LU	A Conduta (Trilhar)
60	LLLLOO		33.	TUN	A Retirada
61	LLLLOL		13.	TUNG JEN	Comunidade com os Homens
62	LLLLLO		44.	KOU	Vir ao Encontro
63	LLLLLL		1.	CH'IEN	O Criativo

O MÉTODO DE TRANSCRIÇÃO

Deste paralelo não se pode inferir de imediato que, segundo os ensinamentos e a prática do *I Ching*, o princípio Yang positivo, criativo (o pólo +) se dê em duas formas, uma em repouso e outra ativa (ou em estado de excitação, segundo a química). Do mesmo modo, o princípio Yin negativo-feminino-criativo (pólo -) também se desdobra em forma ativa e em repouso, que se expressa em linhas duplas:

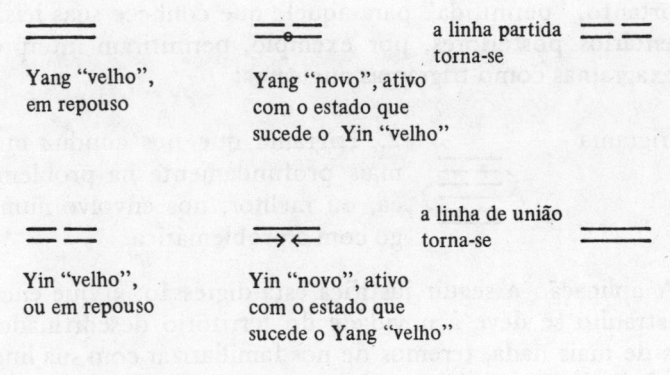

Yang "velho", em repouso

Yang "novo", ativo com o estado que sucede o Yin "velho" — a linha partida torna-se

Yin "velho", ou em repouso

Yin "novo", ativo com o estado que sucede o Yang "velho" — a linha de união torna-se

Se transcrevêssemos o hexagrama por completo no sentido do comentário, cada uma das 64 posições deveria ser escrita mais detalhadamente, indicando se se trata de uma linha nova ou velha.

Assim, em vez da fórmula telegráfica
a grafia completa seria

6 ═══ Yang velho

5 ═══ Yang velho

4 ═══ Yang velho

3 ═ ═ Yang novo

2 ═══ Yang velho

1 ═ ═ Yang novo

A direção da leitura é sempre de baixo para cima!

Esta formulação não é habitual no *I Ching*, porém é lógico e, portanto, "permitida" para aquele que conhece suas leis. Os comentários posteriores, por exemplo, permitiram interpretar os hexagramas como trigramas nucleares:

1. Trigrama      2. Trigrama que nos conduz muito mais profundamente na problemática, ou melhor, nos envolve num jogo com a problemática.

A aplicação a seguir justifica esta digressão; o que encerra de estranho se deve à novidade do território descortinado, e, antes de mais nada, teremos de nos familiarizar com sua linguagem. Isso porque na justaposição do código genético apresentado a seguir — campo em que o ressurgimento da unidade da natureza de acordo com o que Heisenberg tinha em mente em seu ensaio se torna claramente manifesto no *I Ching* — este não é aplicado como hexagrama e sim como trigrama. (Os números binários são representados em sua forma habitual de 0 a L.) Por exemplo:

72

0 0 0 0 L corresponderia a: Yin velho = =

Yin velho = =

Yang novo ==

É evidente que o número binário, até então considerado inarticulado, aparece agora numa forma ritmicamente alterada 0 0 0 0 L, portanto, os números binários são representados em estado de repouso, ou então em estado "animado".

A seguir, justificar-se-á esta variante pouco usual de aritmética binária em nossa pesquisa; pelo sucesso alcançado, sua lógica consistente talvez até possa convencer o matemático.

Repetindo, então, a leitura dos fenômenos básicos Yang-Yin com suas variantes dinâmicas deve ser efetuada pela justaposição de cada um de seus números binários equivalentes, como díades:

LL LL LL = ≡

Esta grafia abriu a possibilidade de fazer coincidir o código genético — recordemo-nos de sua universalidade — com suas quatro letras, 64 palavras-código necessárias para descrever os vinte aminoácidos, acrescidos das três pontuações, e o sistema numérico binário como modelo arcaico do *I Ching* — com suas quatro letras, 64 palavras-código com as quais, segundo os ensinamentos do *I Ching,* podem ser descritos todos os processos de ordem física, psicológica, sociológica, biológica e até moral.

U = ☷ C = ☵ G = ☲ A = ☰
ou T no caso do DNA
(Tentativa preliminar, pois os símbolos são passíveis de permuta.)

O I Ching transcrito no código genético

Os símbolos binários e seus equivalentes decádicos são mostrados aqui, lado a lado.

0	OOOOOO	4	OOOLOO	8	OOLOOO	12	OOLLOO
16	OLOOOO	20	OLOLOO	24	OLLOOO	28	OLLLOO
32	LOOOOO	36	LOOLOO	40	LOLOOO	44	LOLLOO
48	LLOOOO	52	LLOLOO	56	LLLOOO	60	LLLLOO
1	OOOOOL	5	OOOLOL	9	OOLOOL	13	OOLLOL
17	OLOOOL	21	OLOLOL	25	OLLOOL	29	OLLLOL
33	LOOOOL	37	LOOLOL	41	LOLOOL	45	LOLLOL
49	LLOOOL	53	LLOLOL	57	LLLOOL	61	LLLLOL
2	OOOOLO	6	OOOLLO	10	OOLOLO	14	OOLLLO
18	OLOOLO	22	OLOLLO	26	OLLOLO	30	OLLLLO
34	LOOOLO	38	LOOLLO	42	LOLOLO	46	LOLLLO
50	LLOOLO	54	LLOLLO	58	LLLOLO	62	LLLLLO
3	OOOOLL	7	OOOLLL	11	OOLOLL	15	OOLLLL
19	OLOOLL	23	OLOLLL	27	OLLOLL	31	OLLLLL
35	LOOOLL	39	LOOLLL	43	LOLOLL	47	LOLLLL
51	LLOOLL	55	LLOLLL	59	LLLOLL	63	LLLLLL

Ambas as tabelas acima mostram a experiência na qual os símbolos do *I Ching* (que ao mesmo tempo podem ser escritos na forma de "letras" do sistema binário) substituem as "letras" do código genético.

Que U seja transcrito por	⚏ ⚏	ou	0 0
C	por ⚎	ou	0 L
G	por ⚍	ou	L 0
A	por ⚌	ou	L L

No texto a seguir (veja à página 95), esta forma (passando de hexagrama para trigrama) que aparenta ser abreviada de forma artificial, será plenamente justificada pois completa a totalidade do hexagrama, uma vez que sua leitura é efetuada como unidade junto com sua contra-espiral.

COMBINAÇÃO DO CÓDIGO GENÉTICO E DO I CHING NUMA ÚNICA TABELA

Na tabela apresentada a seguir, esses cinco sistemas são simultaneamente combinados pela primeira vez, de modo a serem examinados em conjunto.

1. O *I Ching, O livro das mutações* (de autoria de Fu-Hsi, com cinco mil anos de idade!) com seus 64 estados dinâmicos de tensão polar entre Yang e Yin.
2. O sistema de números binário concebido por Leibniz e já por ele considerado como surpreendentemente semelhante a seu antecessor chinês. Norbert Wiener o utilizou desde então como base do método matemático da cibernética.
3. O código genético (U-C-G-A) com seus 64 trios. Esta é a ordem das "letras" na tabela do código genético decifrado (pág. 79).
4. (Na margem) Os vinte aminoácidos, a forma e conteúdo de todo o reino vegetal e animal, programado pelo código genético.
5. Nosso sistema decimal.

Os paralelos e o modo de integração perfeito, sem lacunas, dos dois códigos entre si, aparecem aqui como um "fenômeno" que já não se pode simplesmente discutir. Mesmo assim, esta deve ser considerada uma experiência provisória. Tal seqüência *não* revela uma ordem matemática — como mostram os números arábicos escritos na margem. Na incomparável tradução do *I Ching* de Richard Wilhelm, cada um dos 64 símbolos fornece um texto detalhado, além dos comentários compilados no decorrer dos séculos. Tentar sintetizar o significado desses comentários ainda mais seria ir muito além das atribuições deste livro, pois eles já foram sumamente condensados e reduzidos de modo taquigráfico. Entretanto, tais comentários por si só darão ao leitor uma primeira impressão, por vezes de estados estáticos, por vezes de tendências dinâmicas.

Contudo, até onde eu posso julgar, se nos permitimos inverter a seqüência A-G para G-A — já que a seqüência A-G também parece ter sido selecionada de modo esquemático e arbitrário — não me parece ser necessária a ocorrência de distúrbio algum no esquema do aminoácido; de súbito, surge, então, uma ordem matemática lógica e exata desse todo. De fato, o catálogo dos aminoácidos, assim como o dos códons, aparece ordenado por períodos. Se esta minha reorganização da ordem se provasse legítima, é provável que fosse possível inferir conseqüências interessantes e úteis, e as transcrições para o sistema binário teriam valor heurístico. A seqüência deve ser lida em intervalos de quatro unidades, da esquerda para a direita (0, 4, 8, 12) e a partir do 16, em direção vertical (0, 16, 32, 48). Na literatura até hoje existente a respeito do código genético — que adquiriu as proporções de uma avalanche — o autor não encontrou nenhuma referência a uma regularidade matemática na seqüência dos códons, ou sobre a ordem periódica dela resultante.

Será que o nosso esquema provê uma explicação matemática da direção de rotação, os "compartimentos" da dupla hélice?

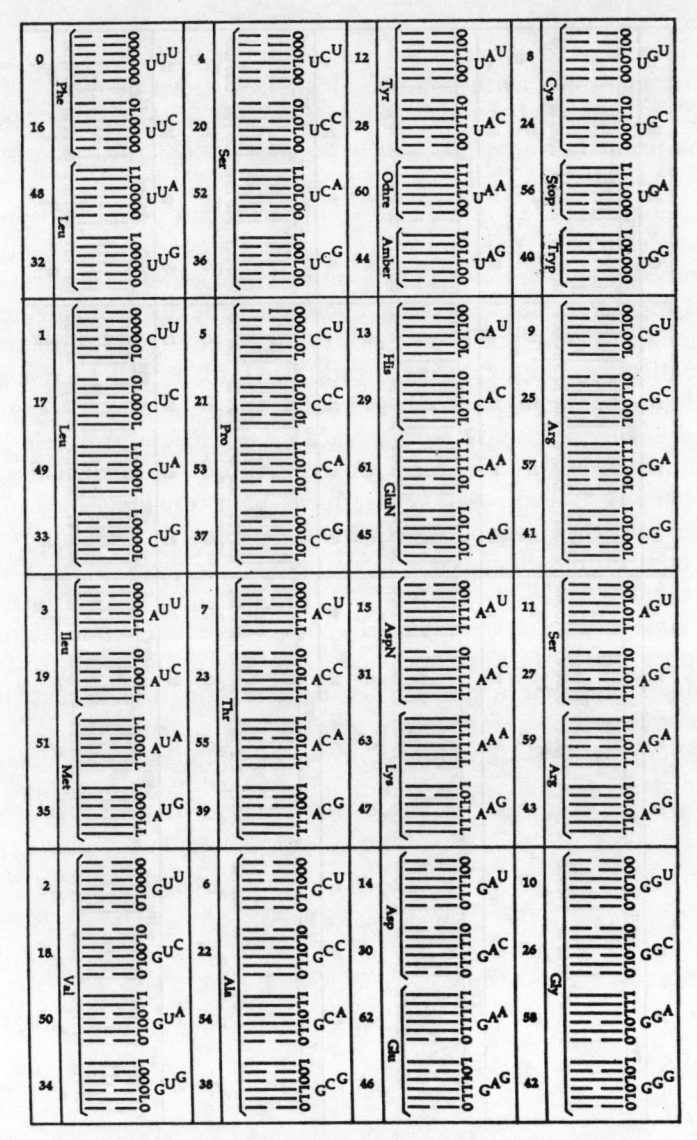

Os códigos do I Ching *e do DNA combinados numa única tabela.*

Abreviaturas *(Ver Tabela à pág. 43.)*

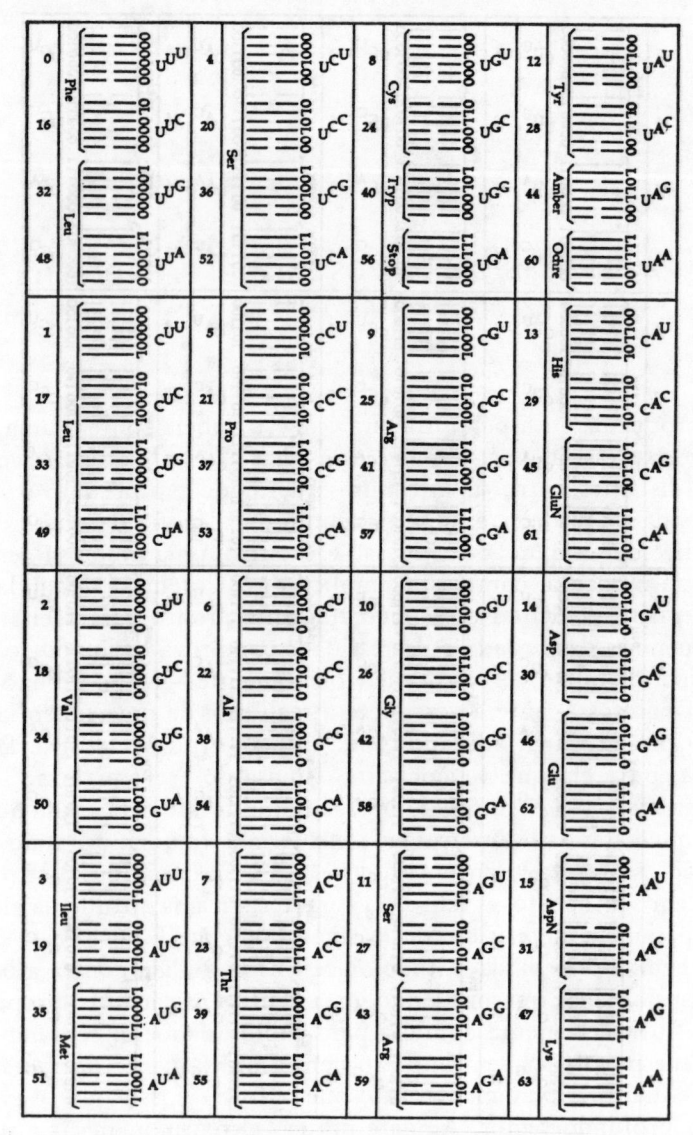

Transcrição de ambos os códigos para o sistema binário.

Abreviaturas (*Ver Tabela à pág. 43.*)

EMPECILHOS PSICOLÓGICOS PARA UMA ORDEM DA REALIDADE

Reproduzida aqui pela primeira vez, esta tabela contém uma ordem expressiva, pois abrange esses dois "livros", cujas origens, tão distantes entre si, integram-se de modo tão perfeito e sem emendas. Um deles é um compêndio de filosofia da quase desconhecida antigüidade chinesa, e o outro, uma pesquisa genial da era moderna, com vastas implicações. Porém, se de um lado o espírito ocidental está imediatamente pronto para aceitar as influências da verdade e da realidade comprovada do código genético, de outro ele retrocede violentamente — como reflexo de seus hábitos — ante a verdade e a realidade de uma filosofia, e dela procura fugir adotando uma cética atitude defensiva. Desde a época em que a ciência foi expulsa do "seio materno" da igreja até a sua maturidade no século, esta inibição — que pode ser imediatamente interpretada em termos freudianos como rejeição, repressão, transposição, negação, anulação ou até inversão em seu oposto — tem sido característica da atitude da ciência perante a metafísica, a filosofia e a religião. E talvez esta seja também a origem da atitude de rejeição adotada contra a própria psicanálise, mesmo sendo justamente a psicanálise apropriada e suficientemente corajosa para explorar aquele "seio materno" da metafísica sem inibição nem timidez diante do incesto. No entanto, é exatamente disto que se foge e é isso que se evita com profundo temor. Ainda é preferível reprimir, negar e submeter a própria psicanálise tanto quanto possível nas universidades, dando maior importância a uma teologia que contudo parece inofensiva à ciência por já não mais apresentar reivindicações científicas. Por essa razão se concedem "generosamente" vinte vezes mais cadeiras à teologia. Estes breves comentários sobre a verdadeira situação nas universidades são necessários como medida preventiva e salutar, a fim de impedir que a prova científica da identidade de um sistema filosófico e científico aqui oferecida não seja automaticamente rejeitada e "neutralizada", num imediato choque "alérgico".

O que tanto teme nosso intelecto ocidental a ponto de preferir a cegueira à visão? Bem, este medo é relativamente compreensível, pois o puro desejo de investigação e de pesquisa foi inibido durante séculos (até 1600 a.C.), e até castrado pela Toda-Poderosa-Mãe-Igreja. A frase *credo quia absurdum* (creio ainda que seja absurdo) era uma máxima inquestionável. Este medo de castração ainda permanece inconsciente, ainda é em grande parte sentido nos ossos de todo cientista. Evita-se sua recorrência através dos sistemas de defesa acima mencionados: uma rígida cisão dualista entre física e metafísica, restrições de pesquisas sobre o material, ao mesmo tempo que justamente o movimento maniqueísta secreto de todas as igrejas cristãs carrega a fenda entre a carne e o espírito como herança inconsciente. Daí a negação e o fracasso da pesquisa científica na investigação da moral, da psique e do espírito. Somente esta cisão esquizóide dos próprios pesquisadores cientistas pode ter possibilitado as terríveis conseqüências da utilização da desintegração do núcleo atômico como meio comprovado de aniquilamento de pessoas de opinião diversa. Pois desde o êxodo da ciência da Igreja, há trezentos anos — que de certo modo se deu sob o lema: "Deixemos o céu aos anjos e aos pardais" —, a ciência ocidental prescindiu completa e explicitamente de uma base ideológica fixa e de uma visão do mundo sem *sacrificium intellectus* (o abandono e o sacrifício da razão). A não ser que se esteja disposto a dar-se por satisfeito com o ideal de uma suposta liberdade absoluta de pesquisa, e um vago sentido pessoal pela humanidade e pela ordem. Agora, depois de duas guerras mundiais e da bomba atômica, junto com a crescente poluição mundial e os perigos que lhe são inerentes não só para os animais, mas também para a própria existência humana com sua ameaçadora ação, as conseqüências desta falta de ordem ressaltam-se com grande clareza. O fracasso mundial das instituições eclesiásticas poderia ter infundido medo até naqueles "livres-pensadores" indecisos, que secretamente ainda confiavam no poder da Igreja para estabelecer a ordem. Até a piedosa fé infantil de certos prêmios Nobel cuidadosamente segregados em seu envolvimento científico, como que depositados num compartimento à parte, falhou aqui totalmente, junto com a ideologia patriótica, fascista ou marxista igualmente bem-resguardadas na próxima gaveta, a da alma. Esta situação errônea, abismal é, ainda assim, perpetuada e intensamente defendida. Pois aqui também teme-se o surgimento de uma verdadeira ordem, como se esta fosse uma castração. Apesar de tudo isso, a Grande Ordem já está emergindo nos sonhos da humanidade. Em sua forma cristã é cristalizada por Teilhard de Chardin; no pensamento socialista de Mao e na sua procura da revolução permanente numa tentativa de impedir a estagnação; no campo político, nos esforços iniciais da Liga das Nações da ONU. Na arte moderna, o mesmo fenômeno se traduz na rejeição uniforme da representação material, e na ficção científica se plasma num mundo social e economicamente integrado, autocontrolado uniformemente por computadores gigantes; aparece até no quadro admitidamente distorcido do esporte unificado dos Jogos Olímpicos.

Não será o *I Ching* o *standard work* daquele enfoque de mundo que inspirou a Confúcio — permitindo-lhe criar um sistema social, moral e religioso que durou ao longo de dois mil anos — justamente o livro que poderá indicar a atual e relevante possibilidade de uma nova ordem? Profundamente religioso, sem um Deus pessoal! Uma filosofia cuja base matemática bem equilibrada derivada da polaridade arcaica do Yang e do Yin (positivo e negativo) é aceitável para todo cientista sem *sacrificium intellectus*. Uma ciência cujo esquema de 64 elementos já antecipou há cinco mil anos o sistema binário de Leibniz e de Norbert Wiener! Uma linha social com rigorosa ênfase, porém sem violências na família primária, conferindo o mesmo peso ao "pai" e à "mãe" (apesar das práticas humanas chinesas posteriores), livre de compulsão e, no entanto, interligada pelo respeito e pela reverência mútuas, assim como pelos poderes supremos (os oito símbolos arcaicos). Uma cultura bem-equilibrada que possibilitou o surgimento de obras da mais sublime beleza em vários campos da arte, que em sua tolerância essencial acolheu o budismo em seu seio, conduzindo-o ao florescimento. Um catálogo completo da ordem moral, sobre as conseqüências da conduta apropriada (= acertada) e inadequada (= prejudicial) invejável para o cristão devido à sua falta de moral pudica e à sua hipocrisia. E uma sexualidade bem-ordenada, pois honrada com reverência, para o *I Ching* é apenas o reflexo perfeito da imagem ancestral de Yang e de Yin!

A cultura tibetana é muito semelhante enquanto polaridade representada em sua filosofia e em sua arte religiosa. Sua ligação profunda e pré-histórica com a chinesa não poderia ser comprovada aqui. Inúmeras imagens mostram pares unidos sexualmente em posição yab-yum (= pai-mãe), as divindades "pacíficas" e "raivosas" com suas contrapartes femininas, as *dakinis* que também triunfam envolvidas por auréolas de chamas. Assim como os *dhyanibuddhas* com suas correspondentes femininas refletindo o significado metafísico de ambos, o método (masculino) e a sabedoria (feminino) só "efetivos" quando unidos, constituem um exemplo sagrado, reverenciando a polaridade central de uma cultura original, extremamente antiga.

A POLARIDADE NO I CHING E NO CÓDIGO GENÉTICO

Quando observada mais de perto, a hélice do DNA surgindo da união do germe masculino com o feminino apresenta uma imagem de extraordinária intensidade erótica. Em seu modelo polar exato, as bases purinas (A-U/C-G) estão interligadas de modo muito preciso com as bases purinas correspondentes de sua metade oposta, semelhante ao par yab-yum do misticismo tibetano, unidos num eterno abraço.[1] Enfocado desta maneira, o mundo estaria realmente unido no mais íntimo do seu ser pela *glutine amoris* ("a goma de amor", de Augustinus) e, em sua essência, de nada mais consistiria! Seria o pólo oposto da razão pura, indiferente porém potencialmente criativo — ou como se queira chamá-lo — emergindo do fundo da terra. Em sua obra *Indiferença criativa*,[2] S. Friedländer apresentou este conceito completo no qual uma filosofia, concebida em linhas polares precisas, reluz em solitária perfeição entre as várias filosofias do Ocidente. A confusão entre dualismo e polaridade, existente desde a época de Heráclito — devastadora e perniciosa, e que bem poderá nos destruir — é exposta de modo brilhante e penetrante por Jean Gebser em seu livro *Dualismo e polaridade* (Editora Pestalozzi, Zurique, 1971). Enfatizamos mais uma vez a natureza autêntica da polaridade em sua onipresença no código do DNA. Visto em termos da paridade eterna, isenta de lacunas da hélice positiva-negativa do DNA, como em termos dos códons que lhe são exatamente complementares, a consumação sexual parece apenas um caso especial de copulação, de duração infinitamente curta. No entanto, a polaridade do Todo, que existe independentemente de nossa interpretação dualista da realidade, assim como a paridade do DNA, e do mesmo modo como o equilíbrio polar eternamente preciso das "quantidades" de todas as coisas existentes de ambos os lados do "zero", é representativa da equivalência, da auto-representação e da realização da consciência universal. *O universo é objeto da consciência universal subjetiva.* Em seu livro, Jean Gebser demonstra claramente como foram poucos os modelos deste aspecto fornecidos pela filosofia européia (por causa de seu dualismo) no decorrer dos últimos séculos (Nikolaus von Kues, Paracelso, Leibniz, Goethe).

O filósofo zen Alan Watts demonstrou aos cristãos, em seu livro *Natur-Mann-Frau* (Natureza, homem, mulher)[3], como a prática da consumação sexual está distante das possibilidades existenciais místicas e iluminadoras — mais ainda na caricatura distorcida da onda sexual da atualidade. Além disso, ela foi mencionada como um caminho que conduz ao "satori". Mas até mesmo esta experiência sexual existencial acabou sendo barrada pela atitude predominantemente dualista das igrejas e pela diabolização do sexo durante dois mil anos. A nova consciência integral revelada por Jean Gebser, que transcende amplamente as anteriores formas mágicas e místicas das épocas mais antigas (shamanismo, a religião ancestral dos Bon no Tibete, etc.) possibilita a manipulação do pensamento polar, restaurando assim o equilíbrio durante tanto tempo perdido, com resultados tão catastróficos. Podemos ajudar o nascimento da Nova Consciência, ou tornar-nos nossos próprios coveiros, cavando nossas próprias sepulturas. Se o nascimento for feliz, é possível que a humanidade sobreviva, que a nova consciência permita o florescer de novas formas de existências culturais, sexuais, religiosas, políticas e sociais? É possível que a infância da humanidade (comparável psicologicamente à conduta de uma criança de três anos, em sua fase sadomasoquista) tenha como conseqüência uma etapa mais madura? (Psicanaliticamente é a etapa da comprovação da realidade: se sujo a terra indiscriminadamente, sufocarei!) Este é o próximo passo inadiável exigido de nossa parte, e já foi dado pela vanguarda da humanidade. Em termos espirituais, é a consumação ubíqua da polaridade, assim como na antiga China cada mudança era introduzida por uma proclamação imperial dos conteúdos conceituais atribuídos aos ideogramas considerados válidos daí em diante. Este ensinamento da polaridade, cujos efeitos foram comprovados no decorrer dos séculos, está incorporado ao *I Ching*. Seu estudo é certamente de inestimável valor para todos, e nunca passível de ser esgotado numa vida humana.

O autor, um médico do interior e profundo admirador do *I Ching*, o oferece ao público em seu significado pleno como uma ordem da verdadeira realidade comprovada pela ciência moderna como fato consumado.

Haveria ainda mais um ponto a ser considerado: o *I Ching* em seu status como fórmula mundial no campo da biologia (e provavelmente também na química e na física). Não podemos deixar de admitir, com toda lucidez, que simplesmente nunca houve no Ocidente um conceito dessa ordem de multiplicidade e universalidade. Porém, sendo de origem chinesa e, portanto, distante do espírito do Ocidente, foi um conceito proibido. E este preconceito seria ainda mais poderoso do que as intolerâncias já mencionadas do chauvinismo, do nacionalismo e do cristianismo secular!

O CÓDIGO UNIVERSAL DO I CHING
E O CÓDIGO DA VIDA DO DNA — UMA CHAVE?

Se as fórmulas mentais ocidentais, as leis científicas, os planos estruturais, as ideologias, os esquemas morais, as filosofias e religiões apontam fundamentalmente *para algo*, e fornecem uma explicação compreensível de um fenômeno existente (ou de uma idéia inexistente, porém ensinada, e na qual se acredita) e, em última análise, são facultativos, discutíveis, passíveis de argumentação e intercambiáveis por outros, esquematizados de modo bem diferente (com o conceito apropriado, e adequado à realidade representando justamente a ciência "exata"), para nós o *I Ching* parece ter uma existência de quase inacreditável concretude e vitalidade que *une indissoluvelmente o projeto e o substrato,* o objeto mundo. De fato, o *I Ching* parece ser a própria vida, sendo ao mesmo tempo um projeto metafísico *e* uma forma encarnada, viva, que se tornou legível casualmente através do código genético. Porém, mesmo se aceitarmos de antemão esta fórmula mundial do *I Ching* com suas simetrias polares e suas formas básicas, junto com a reivindicação de representar a estrutura real do cosmos espiritual meramente como uma doutrina, como sistema, como código mundial — tentou-se isso durante um breve espaço de tempo no início do livro (pág. 31) — e a colocarmos ao lado do código genético, comparando atentamente os vários paralelos; se considerarmos as probabilidades estatísticas altamente significativas de que tantas semelhanças (particularmente a reivindicação universal de ambos os sistemas!) não podem ser fortuitas, nossa razão começa a circular ao redor do problema, tentando novos enfoques, ainda que seja através das interligações suscitadas em nosso pensamento. O princípio de polaridade inerente a ambos os sistemas, o pólo Yang-Yin do mundo por um lado e, por outro, o cordão positivo-negativo exatamente simétrico do DNA, com a congruência tão bem marcada dos 64 símbolos, suscitam a hipótese de que estamos diante de um código que pulsa através de informação imaterial e, ao mesmo tempo, com o mais fino substrato de programação material de toda a vida, com suas 64 sílabas — o Verbo que se tornou carne. Partindo do código do DNA comprovado cientificamente, nossa mente indagadora procura uma unidade, uma identidade integrada como o código do mundo do *I Ching*. E, partindo do *I Ching* "como verdadeiro", o código do DNA adquire o status do sentido de lei transmitida. Em outras palavras, um confirma o outro. Como já ressaltamos, aos olhos do cientista que não qualifica seu ego como objeto de estudo e assim exclui o sujeito da pesquisa científica, tal postura parece muito estranha e até proibida, um tabu. Contudo, aquele que desafia este tabu talvez seja acometido de um profundo respeito por uma percepção da natureza incompreensível e inacessível para nós (a que se refere de modo pedagógico como "meramente" intuitiva, uma especulação) e que, no entanto, se encaixa agora extraordinariamente na realidade da natureza. E gerações de "filosofias" podem ser visualizadas como estruturas de pensamento vazias de conteúdo (para os indianos, "samsaras", e, segundo a terminologia moderna, "tigres de papel"). Enquanto aqueles dois dragões decorativos chineses em sua luta eternamente indecisa pela pérola (o pólo mundial do Yang e do Yin representado em cada célula do nosso corpo pelo cordão positivo-negativo do DNA, com seus 64 campos de força estática e dinamicamente equilibradas com exatidão) pareceriam adquirir o caráter de realidade!

No contexto de circular e de tatear em torno desta hipótese tão completamente estranha de que um sistema de filosofia milenar seja idêntico à mais profunda realidade de toda a vida — assim como acontece na leitura de um computador — há um raio de luz que dança e que brinca ao redor dos números e das letras, até que o computador os identifica entre todas as informações apresentadas! Pois brinquemos também, e sejamos intuitivos, como num moderno teste psicológico, circundando em volta do nosso tema.

Vejamos mais de perto a chave do mundo do *I Ching:*

O aspecto deste símbolo tem algo de estranho, semelhante ao germe de uma planta, a um embrião, talvez até a um fantasma, um "corpo acéfalo" flutuando livremente.

Voltemos agora ao diagrama da espiral do DNA, cujo código está escrito nos "degraus da escada", dez degraus passando por 360 graus = um andar inteiro da "escada".

Será que não haveria aqui um esquema subjacente?

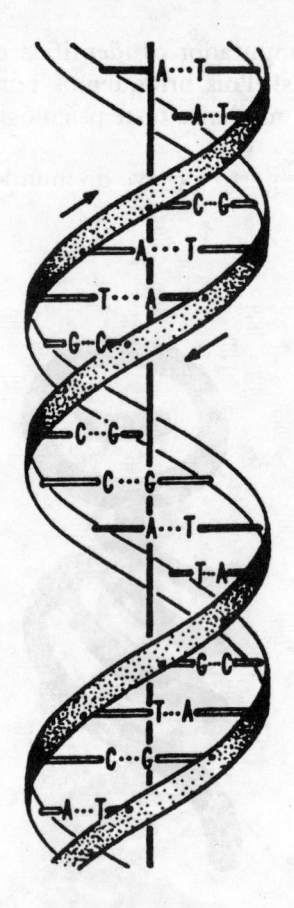

Diagrama da dupla hélice: esquema simplificado.

A seguir, combinado de modo experimental, temos o "corpo acéfalo" da serpente do DNA: a parte inferior do modelo do DNA foi plasmada livremente segundo um modelo naturalista do Instituto Max Planck de Munique:

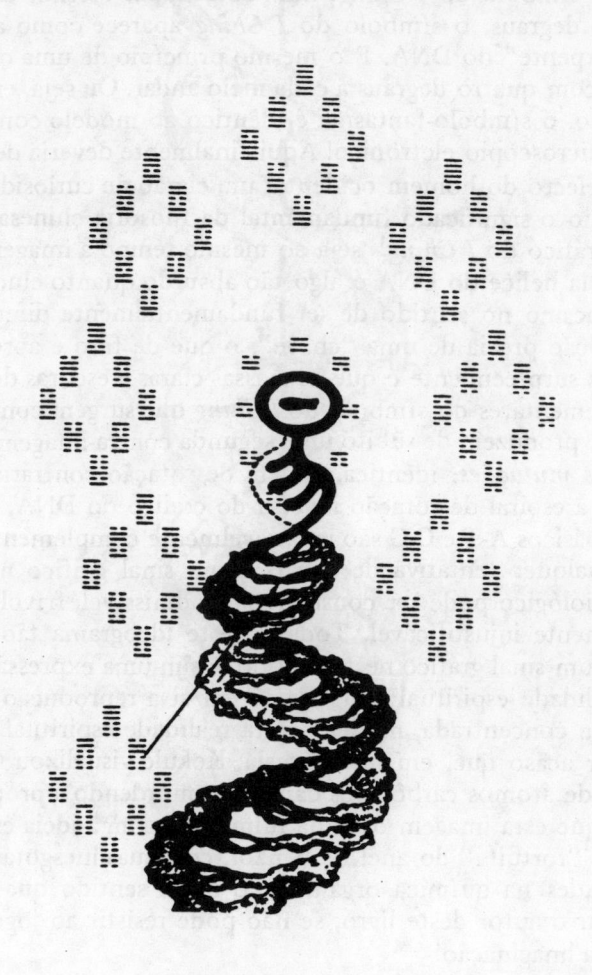

As fotografias micrográficas já disponíveis dos elétrons de dupla hélice revelam uma semelhança mais do que assombrosa com o símbolo do *I Ching*, num *continuum* eterno. Com seus quatro degraus, o símbolo do *I Ching* aparece como a cabeça da "serpente" do DNA. E o mesmo princípio de uma circunvolução com quatro degraus a cada meio andar. Ou seja, enquanto desenho, o símbolo-fantasma é idêntico ao modelo confirmado pelo microscópio eletrônico! Aqui finalmente deveria despontar no intelecto do homem ocidental um clarão de curiosidade, iluminando o significado fundamental da filosofia chinesa. Que o sinal gráfico do *I Ching*[1] seja ao mesmo tempo a imagem visual da dupla hélice do DNA é algo tão absurdo quanto elucidativo; isso, mesmo no sentido de ser fundamentalmente diferente da concepção prévia de uma "chave", o que de fato é apropriada. O mais surpreendente é que as massas claras e escuras dos pólos complementares do símbolo do *I Ching* que surgem com regularidade, produzem de súbito uma segunda contra-imagem de *O livro das mutações*; idêntica, porém de rotação contrária, semelhante à espiral de rotação inversa do código do DNA, onde os pares básicos A-T e C-G são invariavelmente complementares.

Qualquer tentativa de encaixar um sinal gráfico num modelo biológico pode ser considerada inadmissível, frívola e cientificamente injustificável. Todavia, este ideograma tão remoto não é um sinal gráfico neste sentido, e sim uma expressão direta da realidade espiritual; ou seja, é em si a reprodução de uma imagem concentrada, modelo desta realidade espiritual. Terá sido por acaso que, em sua fantasia, Kekulé visualizou uma serpente de átomos carbônicos dançantes mordendo a própria cauda, e que esta imagem o tenha fulminado com a idéia esclarecedora e "fortuita" do anel de benzol, com suas inesgotáveis possibilidades na química orgânica? É neste sentido que se deve perdoar o autor deste livro, se não pôde resistir ao jogo de sua própria imaginação!

De qualquer maneira, há no *I Ching* a descrição do sistema circulatório no sentido horário e em seu oposto, o movimento anti-horário. Dar um passo partindo do plano bidimensional até a espiral (360°) passando pela distribuição dos oito trigramas é algo lógico e, portanto, permitido. Assim já temos a hélice do DNA com quatro palavras-código, cada qual contendo três letras, sobre uma volta e meia de espiral. O modelo não é apenas parecido, é idêntico! Um ideograma chinês cujo significado é a mutação e a origem da formação é congruente com a espiral do DNA exatamente como Watson e Crick a vaticinaram, e este fato foi desde então comprovado pelo microscópio eletrônico. Como 32 palavras-código de uma metade da hélice — a descendente — estão interligadas exatamente às palavras-código complementares da outra metade, cada qual consistindo de três degraus transversais, são necessários três andares inteiros ($360°$) para acomodar oito palavras-chave (códons), ou doze andares para acomodar 32 mais 32 anticódons. A estrela de oito pontas dos trigramas do *I Ching* (à pág. 51) pode ser descrita de tal maneira — como já conseguimos em nossa "transcrição" — apesar de não ser apresentada nesta forma no *I Ching*. Através da leitura para a direita — no sentido horário — que no *I Ching* se distingue explicitamente da leitura em direção oposta (anti-horário), estamos autorizados a ocupar os mesmos doze andares da dupla hélice com os 32 códons e anticódons do *I Ching*. Há também uma analogia exata dos dois sistemas no que concerne à direção da curva e às séries ascendentes e descendentes dos códons e anticódons. A única liberdade que tomamos foi a de conceber uma forma tridimensional no espaço para a estrela de oito pontas do *I Ching,* cuja grafia é bidimensional, baseada na "rotação" da espiral. Os símbolos "deveriam na realidade ser desenhados como uma espiral emergindo no espaço".[2] Ao mesmo tempo, fica bem claro agora que, com o braço da hélice em contra-rotação, semelhante à imagem refletida num espelho, o símbolo do *I Ching* que parece ter sido arbitrariamente lido como trigrama em vez de como hexagrama (pág. 74), agora de fato está completo, formando um hexagrama; e o paralelo, ou melhor, a identidade entre ambos, torna-se ainda mais convincente, mais precisa!

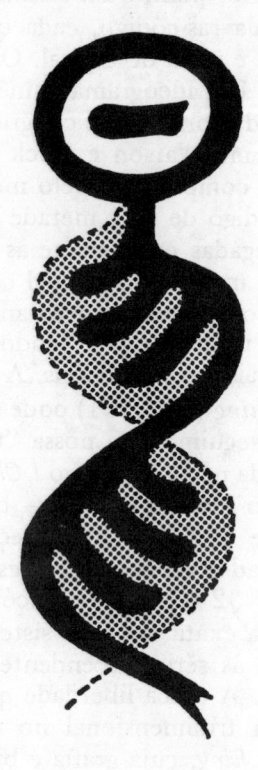

A antiga China compreendeu este complexo de espírito-alma-corpo como uma unidade, e a realizou numa escala incompreensível para nós. Esperemos que nosso espírito ocidental seja capaz de fechar uma lacuna esquizóide em nossa vida espiritual através desta inesperada irrupção da filosofia chinesa, em toda sua potencialidade. A continuação de nossa existência depende disso. Pois é verdade que o gênio do Ocidente foi capaz de descobrir o código genético, porém, comparado à concepção geral da filosofia natural aqui exposta, a mera posse do código se assemelha à afirmação daquele cego que, tateando o rabo do elefante, o descreveu como "tendo a forma de uma minhoca" (lenda indiana). A seguir, tentaremos tatear o "elefante" em sua totalidade, e descrevê-lo. Porém, antes de entrar neste tema, faremos uma incursão inadiável através do *I Ching* como livro oracular.

LIBERDADE E PROGRAMAÇÃO NO I CHING

Não se pode deixar de mencionar ao leitor que nos acompanhou até aqui, o fato de o *I Ching* que chegou até nós só ter sido predominantemente transmitido como livro de sabedoria e compêndio de filosofia a partir do rei Wen, apesar de milhares de eruditos chineses sempre terem pensado no seu sentido, e de terem comentado e ampliado seu texto; nas épocas mais remotas, o *I Ching* era usado para reconhecer situações cósmicas e o futuro desenvolvimento ("oráculos") das mesmas. Esta postura de indagação à natureza através de uma referência constante à totalidade das condições naturais possibilitou uma avaliação desta situação geral, e seu subseqüente seguimento em concordância com leis naturais, no sentido de um prognóstico consistindo precisamente destes 64 hexagramas e de seus seis significados secundários (ou nenhum deles, alguns, ou todos) e mutações, com a possível transformação numa outra destas 64 situações. Sem querer racionalizar estas possibilidades, que até agora nos pareciam tão incompreensíveis e inacreditáveis, talvez possamos entendê-las mais facilmente do que as gerações anteriores, justamente pelo nosso conhecimento de computadores ou "máquinas pensantes", tema que já foi objeto de intensivo estudo por parte de Leibniz no século passado. Entretanto, com uma diferença: enquanto os resultados do computador estão baseados sobre a maior quantidade possível de *dados individuais* para chegar a uma previsão correta, o *I Ching,* possuindo já seu próprio e inerente conceito da verdadeira realidade, parte *da situação geral,* e pronuncia um julgamento sábio e uma resposta quando aquele que pergunta — o sujeito indagador ou consulente — entra em contato com essa totalidade, através de um processo que pode nos parecer muito estranho.

Para não entrar em cheio numa racionalização, o leitor moderno pode desenvolver um interesse e até uma compreensão da importância do *I Ching* como fonte oracular e de sabedoria. E de um modo até há pouco ainda inviável: através de sua familiaridade com a idéia de programação e de seqüências de eventos multivariados, e pela grande importância conferida aos cálculos estatísticos e de probabilidades. Chega-se então a esta compreensão do *I Ching,* não baseado na soma invariavelmente incompleta de *um dado único,* porém fundamentado no *todo.* O segredo central do *I Ching* seria assim a posse deste "todo" e, evidentemente, deste modo ele não é profanado.

Através de um novo ângulo científico, a futurologia, a própria ciência começa:

1. A prever um provável seguimento técnico de seu próprio desenvolvimento;
2. A evitar desenvolvimentos indesejáveis;
3. A enfocar uma melhor programação de determinado desenvolvimento.

Aqui aparece a anteriormente quase insuspeita unidade da ciência com o encadeamento da seqüência desta ciência. Para a mente chinesa, desde o início nunca houve dúvida alguma — nem sequer a possibilidade de um pensamento alternativo — de que a gênese do mundo partira necessariamente dos pólos primários, mesmo incluindo as variantes de ocorrências, de processos e "destinos". Daí também a denominação de "O livro da constância (= filosofia natural) e das mutações" (= desenvolvimento necessário da natureza).

O fato de que as várias características, formas e estruturas das criaturas vivas sejam determinadas pela programação do processo vital através do código genético, também poderia ser inteiramente definido e compreendido como uma programação do destino deste ser. O DNA de uma água-viva contém um destino diferente do DNA de um carvalho; o de um canário é diferente do de um tenor. No entanto, algum dia a semelhança ou talvez até a identidade de longos segmentos do DNA que dizem respeito à voz e à faculdade de cantar possam ser comprovados, assim como o inter-relacionamento de todas as criaturas vivas no que diz respeito, por exemplo, a uma genealogia bem específica de enzima respiratória, que hoje já permite posicionar uma espécie num determinado lugar na árvore genealógica da vida. A soma total das condições de existência de uma criatura, sua locomoção adequada no habitat que melhor lhe convém, e até mesmo seu comportamento social no decorrer de toda uma vida, é certamente dado com a fórmula genética, não importa quão pouco usual para isso seja na ciência a denominação "destino".

Ratos comportam-se a vida inteira como ratos, e homens, como homens. Até que ponto carregamos algo de rato em nosso DNA, ainda incluído no nosso comportamento? — esta poderia ser uma pergunta fatal para a humanidade. Será o aspecto "falcão" ou o aspecto "pomba" o que prevalecerá no destino do DNA dos americanos? Porém, voltemos ao nosso tema: o *I Ching* enquanto afirmação sobre o desenvolvimento naturalmente necessário de determinados "estados" ou "situações". Recapitulemos mais uma vez para aqueles que são menos versados nestes assuntos: os 64 estados, possibilidades de tensão entre "mais" ou "menos", Yang e Yin, são definidos e transcritos no livro por palavras extremamente concretas e lapidares. Os comentaristas lhes conferiram grande precisão durante milênios. Cada uma das seis linhas dos 64 hexagramas tem, além disso, mais um significado especial preciso. No caso de hexagramas que contêm significados básicos adversos, as seis linhas muitas vezes encerram tendências de desenvolvimentos mais favoráveis e consoladoras. Nos hexagramas mais harmônicos, os seis significados particulares advertem com freqüência para tendências de colapso. O "bom", a felicidade *tem* de se desintegrar; o "buraco", o abismo é preenchido; e o caminho rumo à liberdade se aplaina.

Caso um ou mais significados particulares estejam "ativos"

ou em "estado de excitação", um só hexagrama possibilitaria 26 combinações. Pela tendência de as linhas "móveis" se transformarem numa nova condição (o 6 = → ← torna-se ———, 9 = ——o— torna-se — —), todo o hexagrama é alterado, mudando para um outro entre os 64 hexagramas. Isso também implica uma seqüência de tempo, numa previsão programada diante da instabilidade da "mobilidade".

E a tal ponto que o hexagrama ≣ símbolo da mais elevada potência criativa, pode recair na mais pura e "absorvente" Receptividade passiva: ☷

Bem se pode imaginar tudo isso em termos de processos elétricos tais como interferências, freqüências moduladas, e até funções de comutação num computador (seriam 4.096 possibilidades!). De fato, em termos modernos, o código genético bem poderia ser descrito como o circuito lógico de um computador de 64 teclados. A aparente simplicidade de apenas 64 sinais é suficiente para descrever todas as formas da vida, por causa da infindável multiplicidade de combinações práticas e — o mais importante — da infinita série de arranjos das seqüências, partindo das 64 palavras-código. O esquema de 64 hexagramas nos quais as variantes do destino estão codificadas no *I Ching*, também é suficiente para todos os destinos humanos sociais e particulares imagináveis vistos de dentro, em termos de configuração da fatalidade! É evidente que esta configuração do destino é revestida por lugares, ambientes e circunstâncias históricas bem diferentes. O psicólogo sabe muito bem que a mistura de "um punhado" de impulsos — compêndios de impulsos do amor e da agressividade (= impulso de morte?) — remontam apenas a dois impulsos básicos (Yang e Yin), e são suficientes para a análise dos mecanismos da vida da alma, seja ela uma alma normal ou doente.

O esquema preciso de 64 elementos é muito mais abundante e mais exato em sua orientação. Esta unidade de sexo, função social, ética, e o decorrer externo do destino, deve parecer deveras estranha aos olhos de um europeu. Contudo, as seqüências do destino, "esqueleto" da programação do *I Ching*, podem ser enfocadas como coincidentes exatos das seqüências de aminoácidos conforme sua programação no código genético, para formar uma única entidade. Esta é a proposta aqui apresentada.

O I CHING E A LEI DO ACASO

No decorrer de nossa primeira incursão no mundo do Tao, introduzimos o leitor aos dois pólos Yang e Yin, às quatro fases do poder, à estrutura óctupla dos espíritos-almas-matérias, aos 64 desenvolvimentos dinâmicos do destino, cada qual constituído de seis degraus. Porém, há ainda um ponto importante a mencionar: ao manipular as varetas de milefólio[1] ou então as moedas, ou os dados, há uma combinação "fortuita" de três partes do que resta das varetas, das moedas ou dados divididos, e reunidos para apresentar o resultado final. Neste contexto, o número 3 vale como "partícula Yang" ($=+$), e o número 2 vale como "partícula Yin" ($=-$). A repetição da operação seis vezes seguidas serve como meio de investigação da situação do destino cósmico.

	Carga			Sinal	Soma	Abreviação
2	2	2	2		6 = – – –	→ ←
2	2	2	3		7 = – – +	——
2	2	3	3		8 = – + +	– –
3	3	3	3		9 = + + +	—o—

Já sabemos que estas são nossas duas condições estáveis e nossas duas condições instáveis, as quatro "letras". Também podemos formular a idéia da seguinte maneira: no mais profundo núcleo do pólo Yang-Yin em realidade indivisível, ainda há os mais minúsculos blocos de construção que, no entanto, devem ser considerados como algo "irreal" *antes* da soma das três partículas. Dessa tríplice divisão de ——— e de ——— ——— forma-se então o hexagrama que, por exemplo, é elaborado desta forma. ☲ ☵ Na verdade, ele deveria ser escrito como um

símbolo composto por doze partes (ver acima).

A esta altura, o autor não pôde resistir à tentação de se reportar ao *modelo quark* de barions do spin do quark +, um produto da teoria SU_3 (Gell-mann) que concretiza um conceito sobre a mais profunda estrutura das mais mínimas partículas, até hoje consideradas como inseparáveis; modelo este que utiliza as pequenas partículas carregadas em três partes, conhecidas como quarks, cuja existência, entretanto, pelo que sei, até hoje não foi comprovada. Tenho entendido que seu "descobridor", o próprio Gell-mann, espera fervorosamente que esta comprovação jamais venha a ser feita! Mesmo assim, "pensa-se" que as partículas elementares (massa O) são formadas por partículas elementares ainda menores, com cargas ± 1/3 ou ± 2/3 da carga de um elétron.

"Quark"	Nome		Elemento de carga
0 0 ●	n	(Nêutron)	0
● ● 0	p	(Próton)	+ 1
0 0 0	Δ−	(Delta minus)	− 1
● 0 0	Δ0	(Delta zero)	0
● ● 0	Δ+	(Delta plus)	+ 1
● ● ●	Δ+ +	(Delta plus duplo)	+ 2

Que, ainda por cima, dessa teoria SU_3 fossem desenvolvidas álgebras SU_6 e SU_{12}, nos parece estabelecer um paralelo muito estranho com os trigramas-hexagramas e o sistema de doze partes (ver acima). No âmbito dos hipotéticos quarks também se aclimataram os extraordinários resultados da física moderna; tempo-reversão-simultaneidade de estados contraditórios, etc. através da física clássica e, ao mesmo tempo, da filosofia dualista aristotélica que foram abalados em seus alicerces decisivos. No modelo e nos espantosos paralelos dessas duas tabelas, a *sistemática* de um terço, um sexto e um doze avos com suas microquotas, que em sua existência e particularidades cintilam na incerteza espaço-temporal, devem se aproximar então daquela função do *I Ching*, que é desagradável à compreensão científica, bem como daquela experiência da teoria SU_3: a leitura profética do "destino" pelo *I Ching*.

Em contraste com a difícil caçada à estrutura dos elétrons, esta pesquisa experimental e as leis do acaso que desconhecemos estão abertas a qualquer um — através da técnica das perguntas e da análise dos 64 estados e seus significados de seis etapas, disponíveis no *I Ching* desde a antigüidade chinesa.

Baseados na comparação acima apresentada sobre as teorias SU_3 e as manipulações do *I Ching* (colocando ao lado de cada etapa, entre parênteses, a versão da física moderna), poderíamos afirmar o seguinte: Para o ávido discípulo do *I Ching* existe apenas um mundo (de magnitudes informativas, a matéria surgindo de pares de elétrons) a se desdobrar em polaridade a partir de uma potência máxima indefinível no tempo e no espaço (*energia provocada pelo "big bang" original*) formada com os tripés da manifestação Yang-Yin (*comparar com a teoria* SU_3, *os quarks citados acima*) que corresponde ao campo de transição Yang-Yin (*energia que gera matéria*), devido à lei de seqüência de desenvolvimento do *I Ching*. Partindo desta lei que se dá em $2 \longrightarrow 4 \longrightarrow 8 \longrightarrow 64$ estados invariavelmente polares (+ / -) (*estrutura atômica em conchas óctuplas, o esquema de energia dos elétrons, sendo possível um máximo de* $2 . n^2$ *elétrons em cada concha* — consultar o diagrama à página 127, *um princípio uniforme até os elementos transuranos*), também é possível prever as conseqüências normais ou regulares decorrentes destes estados. Ou seja, a *qualitas occulta* daquilo que se torna legível através do *I Ching* neste momento no tempo (C. G. Jung).[2] *(A previsão exata da partícula ômega elementar dos barions com a ajuda do modelo do grupo* SU_3 *foi um grande sucesso.)* Porventura, não poderemos então supor que a mesma lei que ordena as mais minúsculas partículas da matéria permitindo que sejam "previstas", também esteja presente na origem do código de vida DNA?

ACASO E NECESSIDADE NO DNA, NO SURREALISMO E NO I CHING

Se o "estado próprio do par" ativo e constante a jorrar do Tao nos parece um mero acaso e não um quântico de uma variação ordenada em 64 partes de todo o mundo físico-anímico-espiritual, isto se deve, quando considerado à luz do *I Ching,* ao nosso preconceito dualista, à ilusão de dicotomia entre o "eu" e a natureza desprovida de alma e de espírito. Se concebermos nossa pessoa no presente momento como uma *cabeça,* e as milhões de fases minúsculas do passado — de caráter muito específico por terem sido constituídas de uma série precisa de decisões "corretas" e "incorretas" — como o *corpo* comprido da serpente do destino, então o *I Ching* nos mostra o destino no sentido do Tao. Cada momento presente tem um quantum (1/64) de liberdade. *Após* tomada a decisão livremente, dá-se a lei entrelaçadora de causa e efeito. Teremos de arcar com as conseqüências, e o "corpo" da serpente do destino é acrescido de mais um pedacinho, tornando-se mais longo. A "cabeça" só é livre dentro de certos limites, ou seja, no interior do campo de ação imposto pelo apêndice que o interliga à soma dos fatores locais e sociais (rígidos, "maus", aprisionados, ou então de ótima vitalidade e iluminados) do passado.

O "acaso" (do latim *cadentia* — um cair, principalmente de dados) no sentido do *I Ching,* seria mais ou menos assim. Tudo o que for acaso está sujeito ao código de lei, em sua estrutura de 8 ou 64, com liberdade individual no instante presente. O acaso é ação cósmica! O acaso é o eterno processo de criação estruturado segundo a lei. E como ressalta Monod, visto deste ângulo, o DNA de todas as criaturas vivas é na verdade um produto do acaso; todas as plantas e animais contêm incontáveis séries de acasos, com seus desvios, aberrações, variantes e invariantes especiais, becos sem saída que vão do vírus até a imensa liberdade individual do homem para reconhecer esta lei, e viver dignamente de acordo com ela. Nada mais resta àqueles que só conhecem o acaso estatístico a não ser "a procura temerosa num mundo gelado e desamparado, um paroxismo de medo".[1]

Monod acredita que deve-se esperar que o homem:

". . . Desperte de seu sonho milenar e reconheça sua total solidão, a radical alienação de sua natureza. Agora ele sabe que tem seu lugar assim como o cigano, às margens do universo, surdo à sua música e indiferente às suas esperanças, a seus sofrimentos e a seus crimes."

Como são diferentes as coisas para aquele que está centrado no âmago das oito possibilidades espirituais, centrado numa atenciosa escuta de seus próprios desvios, através dos erros. Aqui não é preciso hesitar em aplicar a Senda Óctupla de Buda: o enfoque correto, o pensamento correto, a palavra correta, a ação correta, a existência correta, o esforço correto, a atenção correta, a correta concentração.

Este homem idoso está sentado alegre e sereno no centro (em vez de às margens do universo) em profunda paz, livre de todos os temores, ele já não sofre mais, sentindo-se extremamente protegido, pois *ele próprio representa a lei eterna*. E no caso de desvios, a lei natural do *I Ching* reage de modo hipersensível, corrigindo e "punindo" automaticamente as falsas esperanças, os sofrimentos e crimes auto-infringidos (com absoluta indiferença!). O *I Ching* e o acaso no paralelo do DNA também significam a solução da seguinte problemática: em termos estatísticos, a criação da vida "por acaso", definida como uma criação de unidades auto-reproduzidas, é altamente improvável. Mesmo assumindo a presença de uma primeira destas unidades, a vida só teria avançado talvez até a bactéria, e não seria concebível sem um *daemon propulsor*. (Segundo o relatório "O acaso na evolução", publicado no *Süddeutsche Zeitung* 3/4 de junho de 1972 por ganhadores do prêmio Nobel).

De acordo com os ensinamentos sobre o acaso do *I Ching* aqui apresentados em seus 64 estados estáveis, propulsores por um lado e inibidores por outro, o *daemon* surge da seguinte forma: a tendência é propulsora nos 43 hexagramas a seguir: 1, 2, 7, 8, 10, 11, 13, 14, 15, 16, 17, 19, 20, 21, 22, 24, 25, 27, 28, 30, 31, 32, 34, 35, 37, 40, 42, 43, 44, 45, 46, 48, 49, 50, 51, 53, 54, 55, 57, 58, 61, 62, 63. A tendência inibidora e limitadora prevalece nos seguintes 21 hexagramas: 3, 4, 5, 6, 9, 12, 18, 23, 26, 29, 33, 36, 38, 39, 41, 47, 52, 56?, 59, 60, 64.

Esta minha interpretação é apenas uma avaliação aproximada. Em caso de dúvida, o hexagrama foi classificado como inibidor. Portanto, há aqui uma relação de 2:1! Confirmei esta minha interpretação (posteriormente) pela conclusão a que chegou R. Wilhelm no *I Ching* (Livro 1, pág. 237, seção 5), onde ele mostra que quando as varetas de milefólio são contadas de todos os modos possíveis, o resultado é 6.912 linhas Yang e 4.608 linhas Yin; ou seja, Yang prevalece sobre o pólo negativo Yin numa proporção exata de 3: 2. Isso corresponde a 11.520 "mutações" dos 64 hexagramas (R. Wilhelm). Portanto, no princípio de mundo dinâmico do *I Ching*, prevalecem as condições ativas e propulsoras (em 3/5) sobre 2/5 de natureza inibidora e obstrutora. Portanto, é um ensinamento de vida otimista, real e também atual por sua coincidência com o DNA. Todo médico sabe através da própria experiência que a natureza cura, e que o médico apenas a ajuda neste processo. Só que o homem tem a liberdade de destruir esta natureza...

Pressupondo que aceitemos a filosofia natural do *I Ching*, isto é, que a função dinâmica deste ensinamento dos hexagramas seja válida na totalidade da Natureza, então o fato que de um total de 64 estados, 2/3 sejam ativos-propulsores e apenas 1/3 seja negativo-obstrutor, não sugere uma lei de desintegração lenta; ao contrário, é um fator de marcada aceleração (= daemon!).[2] Seria suficiente não condenar essa finalidade como "animista", mas sim adotá-la com sucesso como um princípio até agora desconhecido de grande valor heurístico capaz de explicar o desenvolvimento inesperadamente rápido e preciso dos estágios preliminares do DNA, em representantes da vida tão extremamente complexos.

Após a confrontação dos ensinamentos do acaso do *I Ching* com a teoria científica, façamos uma nova tentativa de compreender e vivenciar o acaso de outro modo: no surrealismo, como apresentado no livro de Christian Kellerer, *Object Trouvé, Surrealismus, Zen.*[3] Numa obra de arte surrealista realizada com sucesso, Kellerer vê a possibilidade real de superar a cisão entre o acaso estatístico e psicológico. O objeto encontrado por acaso (*Object trouvé*), uma vez despido de sua ligação habitual com o cotidiano, adquire um significado esclarecedor aos olhos de quem o contempla.

Entretanto, para a pessoa (o cientista?) que tenta banir "com a água benta de suas convenções" tudo aquilo que turva sua prosperidade e alto padrão de vida como algo "maluco" e "injurioso", este ato de percepção provoca uma mistura de humor e de pavor,[4] pavor este entendido como medo ctônico e elementar, e que encontra uma clara expressão no livro de Monod (ver acima). Ao vivenciar algo como acaso elementar, o observador — que foi removido do centro da experiência — constata, com uma sensação de choque e pavor, que se restaurou a unidade entre o ser pessoal e o objeto. Uma sensação de prazer e um aumento da conscientização pode acompanhar esta vivência. Kellerer traça paralelos interessantes entre esta inserção incipiente na iluminação e o atingimento de uma unidade através do surrealismo — uma arte em geral reconhecidamente evanescente e fragmentária —, e o ensinamento e a prática do caminho Zen observado durante séculos na China e no Japão. Conta-se aqui repetidamente como a iluminação é obtida através do acaso paradoxal (pelo roçar de uma pedra num bambu, ou uma pancada do mestre, e até o próprio Buda chegou à iluminação por uma súbita visão "por acaso" do despontar da estrela-d'alva!). "Rompe-se a sacola" (do ego), ou "quebra-se o cântaro", são narrações típicas da iluminação.

Para satisfazer aos nossos propósitos, podemos deduzir que o "acaso" torna-se aqui claro e aparente, no sentido que tende a ser entendido pelo homem moderno, frustrado e racionalista, de uma maneira que o ajude a superar essa situação através da verdadeira iluminação momentânea (surrealismo) ou duradoura (Zen). Tanto para Jean Gebser como para Christian Kellerer, o que importa em última instância é a substituição da consciência dualista por uma conscientização suprema mais ampla, que acontece em todas as realidades necessariamente polares. Cada DNA formado "por acaso", com o qual nos deparamos em forma de planta, de animal ou como ser humano, pode tornar-se então um *object trouvé* iluminado ou, nas palavras do Zen, "cada dia, um dia bom".

O acaso é vivenciado então como nas palavras de Cristo (Mateus 10,29) sobre os pardais: "Entretanto nenhum deles cai por terra sem a permissão do vosso Pai". Certamente seria interessante examinar o problema do acaso e da necessidade do ponto de vista de outras religiões: o acaso aos olhos do cristianismo, do islamismo e do hasidismo, o que iria muito além do alcance desta nossa pesquisa. Mesmo assim, Manfred Eigen alerta contra a aceitação da objetividade científica como único critério, "pois poderíamos perder coisas — e mencionou a caridade e a compaixão — simplesmente por não podermos incluir todos os parâmetros dentro da óptica de nossa objetiva".

Todos os parâmetros possíveis estão contidos nessa objetividade abrangente, nas oito faculdades da alma. A objetividade científica (UM parâmetro tornado absoluto entre os OITO do *I Ching*) sem levar em conta a estrutura da alma do observador acometido, por exemplo, de uma neurose de caráter depressivo, de um violento complexo de castração inconsciente ou de ansiedade existencial, é pura ilusão, como todos deveriam saber, desde Freud. E a eliminação dessa óptica perturbadora e distorcida deveria ser uma exigência absoluta de todo cientista.

Então já podemos estar certos, neste sentido, de que a nova consciência será de caráter integral, e assim também estará baseada numa combinação polar de forças equilibradas de *intelecto E intuição, de sentimento E vontade,* no dom da *meditação E* da mais delicada *percepção sensual,* interligados num núcleo de unidade indissolúvel da pessoa masculina-feminina. (Consultar uma formulação mais precisa à pág. 55.)

Cada homem está sendo chamado para contribuir aqui e agora para este trabalho preliminar.

A PRÁTICA ORACULAR DO I CHING

Chegamos agora ao cerne da questão, de difícil aceitação para o espírito do Ocidente. Em primeiro lugar, procederemos a uma breve recapitulação da própria prática do *I Ching*. O consulente ansioso a respeito de detalhes específicos de seu destino realiza um ritual de gestos com a ajuda de varetas (de milefólio), de moedas ou até de dados e, ao manipulá-los, se esforça para meditar, concentrando-se na sua pergunta, de modo que o toque ou o manuseio é efetuado pelo sujeito que indaga. O hexagrama é construído pelas quatro "letras", sempre escritas de baixo para cima, obtidas através de seis manipulações, podendo ser formado sem linhas móveis (= 7 ou 8), com linhas móveis (= 6 ou 9) ou acentuadas. O consulente procura o hexagrama assinalado no livro e, com a pergunta ainda latente em sua mente, associa automática e inevitavelmente a informação obtida à pergunta por ele formulada. Sua indagação — de ordem política, particular ou social — é revestida em "carne e osso", como resposta àquele que consulta. O hexagrama 23, por exemplo, Po, a Desintegração, seria interpretado seja no âmbito político (= guerra), particular (= divórcio), ou social (= revolução). Ocorre uma incrível unidade ou "encarnação" da pergunta e da resposta. Em síntese, este é o decorrer do processo. Poder-se-ia completá-lo acrescentando a verdadeira correspondência e constatação de um tal oráculo. C. G. Jung relata um exemplo de uma tal experiência de previsão realizada pelo insuperável tradutor do *I Ching*, Richard Wilhelm, no Clube

Psicológico, com a constatação da previsão oracular pelos acontecimentos subseqüentes.[1] O autor foi capaz de se auto-convencer do poder de previsão do *I Ching* através de vários casos incompreensíveis, dados os conhecimentos científicos existentes até então, porém mais tarde confirmados pelo que poderíamos chamar de forças estatisticamente significativas. Apesar da repetição persistente de perguntas, por exemplo, a respeito do projeto de construção de uma casa (a aprovação oficial do projeto já havia sido obtida), houve uma pronunciada predominância (80%) de previsões negativas, sem nunca surgir um hexagrama afirmativo. Aquele projeto acabou sendo eliminado por circunstâncias "externas", e a casa nunca chegou a ser construída. A resposta atinge freqüentemente o cerne do problema com uma precisão impiedosa, que nenhum outro hexagrama do livro poderia expressar tão bem.

Em muitas previsões do *I Ching* predomina uma postura de divisão de caminhos, uma formulação indiferente porém diferenciada, que paira entre o caminho da liberdade e o do destino. Algo assim como o seguinte: se a sua conduta se assemelha ao sentido cósmico correto, ocorrerá então a realização das leis da natureza. O consulente tem toda a liberdade de *não* dar o passo mais acertado aconselhado pela sabedoria madura e milenar, e em tal caso as conseqüências deste passo também decorrerão de acordo com as leis da natureza. Neste aspecto, o *I Ching* aproxima-se da doutrina indiana do karma. A partir do momento em que se dá a mudança de caminho, o "trem" segue inevitavelmente adiante. Há liberdade *no momento* da decisão. Há *um* caminho ideal, uma "liberdade no mais aprazível ócio" (Nietzsche), porém há *muitos* equívocos, e curvas dolorosas no labirinto. Baseado numa interligação complexa que segue certa lei ainda não compreendida por nós que inclui, porém, o consulente — sua mão, seu problema e o "computador" do *I Ching* —, o óraculo mostra o caminho mais favorável que flui "pelo Tao".

Há apenas quinze anos, teria sido algo absolutamente fantástico afirmar que todos os processos da vida estavam "anotados" num único código, num longo cordão duplo. Pesquisas extensivas sugerem que há bons motivos para acreditar que as vivências e as recordações podem estar localizadas no mesmo substrato do DNA. E o passo da memória até a programação e o destino já não nos parece tão longo. A pergunta é a seguinte: Será que o cordão de 1,3 metro de comprimento do DNA que está enroscado em cada uma de nossas células e que contém aproximadamente cinco bilhões de "palavras" de instruções para a construção do corpo também incorpora ao mesmo tempo a programação da conduta, da adaptação, da estrutura social — resumindo — será que engloba o nosso destino? (que só nos parece tão extremamente privativo e individual devido à ilusão do "eu"?) E será que assim como abrange nossa memória, este cordão incorpora também nossa lembrança e programação de vida, simultânea e automaticamente, como um dado constituído em si? E a classificação que fazemos — os dados genéticos, o desdobramento no decorrer do tempo (passado, presente e futuro), a informação a respeito do destino — não será porventura ilusão, reflexo colorido de um *spectrum* (já que as oito cores são suficientes para a totalidade de coloridos do mundo, para todos os pintores e quadros) que nossa compreensão diferenciada desmembra artificialmente de uma só e única luz da vida? Acredito que isso é precisamente o que diz o *I Ching:* esta é sua posição espiritual.

Uma coisa é certa: ao lançar o olhar para trás sobre uma vida inteira, vemos que o que passou é inalterável e foi estritamente determinado, daquele modo e de nenhum outro. A soma de milhares de passos minúsculos na vida, de minutos do destino, de anos de decisões, cristalizaram-se em volta de um núcleo que, no entanto, revelou-se extremamente característico e que nos parece não-fortuito quando visto em retrospectiva. Cristalizados como cristais desfeitos num fio submerso numa solução hipertônica de sal. Nosso destino pode ser visto como se formasse uma unidade com os milhares de palavras-código do nosso cordão do DNA! E nos pesadelos dos geneticistas em que, ao manipular o DNA, produzem seres super-humanos e sub-humanos de acordo com um plano, eles também encaram o destino como algo manipulável, passível de receber uma tonalidade especial.

O *I Ching* aparece, então, como contrapeso liberador, como elevada e inabalável lei da natureza supra-humana que, durante cinco mil anos, foi o princípio de ordem intrínseco da sociedade chinesa, de sua família, civilização e arte. Confirmado pelas descobertas genéticas, poderia ser conscientemente aceito como princípio de ordem efetiva para os próximos séculos.

Vamos enfocar o "oráculo" mais uma vez como "programa": falta a nosso conceito de acaso e de livre-arbítrio a precisão científica. Pois mesmo aquilo que parece ser acaso é regido pela lei natural, é o resultado necessário de forças físicas e químicas, porém também de forças espirituais. Enquanto a ciência excluir as ordens e as forças espirituais, seu enfoque da realidade como um todo será distorcido, não importa quão exato seja o seu conceito da matéria. No *I Ching,* ao contrário, há um respeito total pela física-metafísica, enfocada como algo inseparável, onde são incluídas a lei moral e a aberração pessoal — não importa quão subdesenvolvida seja a apreensão dos detalhes, da química e da física. Aquela *minha* pergunta única e aqueles *meus* gestos únicos são, na realidade, rigorosamente determinados, e aqui, como em tudo, prevalece a estrita lei natural. Esta indagação e este movimento de minhas mãos que se dá apenas uma vez neste meu momento existencial irrepetível, fundamentados em vários dos mais sensíveis determinantes — que poderíamos descrever com precisão (e que porém são comodamente declarados como de irrelevância científica, como inúteis) —, já nunca mais serão reproduzidos. O menosprezo desta determinação — e a isso chamamos a nossa crença no "acaso" — é então comprovadamente inexata.

Se o consulente se aproxima agora do "centro de sua existência" através do método da meditação (e a meditação não é algo místico, e sim um método psicofisiológico de devoção, passível de ser descrito de modo preciso), então a manipulação das varetas, das moedas ou dos dados se dá a partir *deste centro*, e se torna legível no esquema dos 64 hexagramas pois, segundo os ensinamentos do *I Ching,* tudo o que surge se exprime neste código, e, portanto, minha pergunta, meu problema e minhas "chances" também são legíveis conforme a lei.

A experiência prática daqueles que são versados no *I Ching* comprova isso de modo drástico a qualquer um que o tente com seriedade. Esta tentativa de descrição do "oráculo" é ainda muito falha, pois, para onde quer que olhemos, inexiste uma pesquisa com base científica dos processos microscópicos físicos mais sensíveis do "acaso", e há uma falta quase total de estudo sobre a eficácia das forças espirituais. No entanto, deveríamos ficar ansiosos para averiguar como algumas idéias fanáticas (por exemplo, o ódio racial tipo "os judeus são a nossa desgraça", etc.), isto é, que partiam de forças intelectuais, podem ter gerado e desencadeado resultados tão físicos como a destruição de milhares de pessoas, cidades reduzidas a cinzas pelas chamas das bombas, Hiroshima, etc. A pergunta: o que são "forças" negativas, "demoníacas", e o caminho que estas forças percorrem até atingir seus resultados mais amargos e sensíveis, só pode ser formulada de modo frutífero em termos científicos se tentarmos perceber estas "forças" como realidade efetiva. Em todo o caso, nossa ciência não procede desta forma do mesmo modo como a medicina também não ensina a "saúde" ou a "cura". Isso é algo que o médico deve descobrir por si só; e, curiosamente, ele de fato encontra a cura, e só assim se torna realmente um médico. Assim como o médico só surge através da introdução do sujeito na medicina, é a própria pessoa do médico que representa a medicina. (Paracelso dizia que "assim como a força do homem está na mulher, a força do médico está no doente".) Do mesmo modo, a partir de Einstein,[2] a introdução do observador como sujeito parece ser um elemento indispensável na física moderna. É evidente que a física moderna sabe incrivelmente pouco sobre a estrutura deste sujeito. Há ainda um longo caminho a ser percorrido até a consideração séria das implicações da pesquisa científica existente numa escala tão ampla, através da psicanálise de Freud. E estamos muito mais longe ainda da "psicanálise" de Buda, de alcance infinitamente mais amplo, ou dos ensinamentos do *I Ching* a respeito do patrimônio espiritual das quatro faculdades polares passivas-ativas, das quais pelo menos três são desconhecidas da nossa psicologia clássica.

O I CHING E O CÓDIGO GENÉTICO
NO ESQUEMA DOS CINCO ESTÁGIOS DA MEDITAÇÃO

Se de um lado tentarmos expor um comprovante da interligação ou mesmo da identidade entre o princípio de criação e de ordenação do mundo do *I Ching*, e, de outro, da programação do código de todas as criaturas vivas — o DNA — de maneira a obter um vislumbre imediato (único efetivo no sentido de um desdobramento ulterior) tornando-o acessível ao leitor, nos depararemos imediatamente com um sistema muito antigo. Diante do crescente interesse dos representantes da inteligência ocidental no budismo Zen e na mística oriental como um todo, por parte de escritores como Aldous Huxley e Hermann Hesse, de filósofos como Herrigel e de religiosos como P. Lassalle S. J. e o lama Anagarika Govinda, ousamos inferir a existência de uma familiaridade bastante ampla do público em relação à meditação e suas implicações. Mesmo assim, talvez o sistema de meditação aqui usado seja conhecido apenas entre os leitores da obra *Bi-Yän-Lu*[1] de Gundert e de Dumoulin.[2] Trata-se de um sistema de meditação do mestre Dung-Schan (807-869).

O propósito deste sistema de meditação é conferir àquele que medita a possibilidade de alcançar um vislumbre da unidade fundamental de dois âmbitos aparentemente divergentes, que no budismo significam a unidade do Absoluto e do Relativo. Isso ocorre com a ajuda de *cinco estágios* ou posições. Dumoulin fez uma referência explícita a este sistema como expressão da filosofia do *I Ching*. Baseados nesta autorização e fazendo alusão ao tema mencionado — filosofia (= "absoluto") e biologia (= "relativo") — tentaremos dar ao leitor um vislumbre no interior das conexões entre a fórmula do mundo do *I Ching* e o código universal de vida do DNA. Ter-se-á uma noção profunda, pois é alcançada através de sua própria atividade.

Dumoulin refere-se a uma transformação na ordem dos cinco planos que por isso não foi considerada como obrigatoriamente fixa.

O esquema original é o seguinte:

1. O Absoluto no Relativo.
2. O Relativo no Absoluto.
3. O Absoluto por si só.
4. O Relativo por si só.
5. A união do Absoluto e do Relativo na polaridade.

Após séria reflexão, escolhemos a seqüência com o Absoluto em primeiro lugar e com o Relativo em segundo. As demais posições ocupam seus lugares lógicos.

No que se refere aos nossos dois temas, levamos em consideração o seguinte:

1.º estágio — O *I Ching*, o "correto", o "mestre" (o Absoluto transcendente, o metafísico, além do tempo e do mundo).

2.º estágio — Código genético, o "unilateral" ou o "torto", o "servo" (o que é formado pela matéria, o físico, o "aqui-e-agora").

3.º estágio — O caminho que vai do "correto" ao "unilateral" (O "mestre" dirige-se ao "servo"), o princípio espiritual "no interior" da natureza.

4.º estágio — O caminho que vai do "unilateral" ao "correto" (o "servo" dirige-se ao "mestre"), a natureza "retorna à lei".

5.º estágio — O "correto" e o "unilateral" ou "torto" como idênticos na unidade ("mestre" e "servo"), aquilo que está "além do tempo e do mundo" semelhante ao "aqui-e-agora", a chave do mundo É o próprio mundo. Nosso enfoque dualista do mundo é ilusão, nunca houve um "adentrar" e um "retornar", o caos aparente é o cosmos.

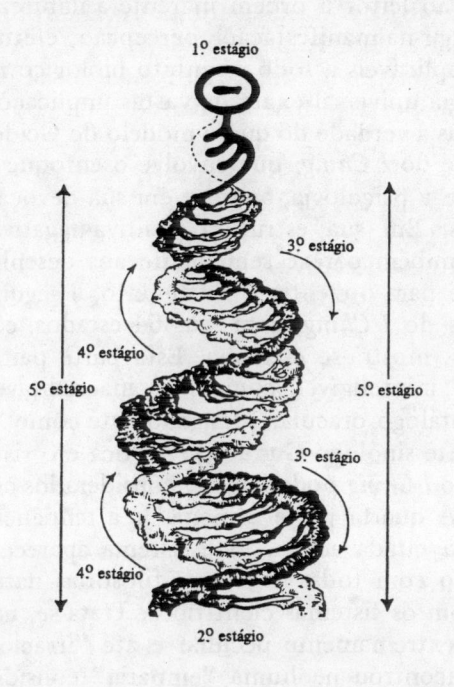

Execução

1º Estágio
Representado pelo *I Ching* como cosmogonia, "fórmula do mundo", ordem elementar, sistema das oito forças primordiais com as quais já nos familiarizamos, e com seus estados inerentes de 6 x 64 transições com as quais é possível descrever todas as mutações e desdobramentos possíveis. Podem corresponder à concepção de Heisenberg das "simetrias e formas básicas suficientes para efetivar o modelo infinitamente complexo dos fenômenos observados por repetição e por ação interligada" (pág. 51). A cosmogonia, a filosofia natural, assim como tam-

bém o sistema de ordem física, espiritual e biológica, estão incluídos nos ensinamentos da verdadeira realidade do *I Ching*. Recordamos ao leitor a ordem inerente à natureza dos quatro eixos do surgir-na-manifestação, percepção, efetuação e conscientização, aplicáveis a todo o âmbito biológico no sentido de uma psicologia universal exata de vastas implicações, e que faz muito mais jus à verdade do que o modelo do Ocidente.

Esta parte do *I Ching*, que envolve o enfoque do mundo, a cosmogonia e a psicologia, aparece em sua devoção desprovida de um Deus. Em sua estrutura positiva-negativa totalmente "elétrica", também parece semelhante aos desenhos atômicos, aceitáveis até para o cientista. Entretanto, a segunda parte dos ensinamentos do *I Ching*, com seus 64 estados, cada qual com seis variantes, mostra-se estranha. Esta parte pairava até agora num "vazio" ininteligível, como algo inacreditável e estranho, espécie de catálogo oracular (designado até como "sutileza" pelo proeminente sinólogo Gundert). A ética e o sistema familiar sofisticado do *I Ching* poderiam ser considerados como uma terceira parte. A quarta parte principal é a tendência dinâmica e programadora citada acima. Este sistema aparece como único se comparado com todas as outras filosofias naturais, com as religiões e com os sistemas científicos. Trata-se, na verdade, de um sistema extremamente peculiar e até "irracional" que até agora não encontrou nenhuma "empatia" considerável. Como dissemos no Prefácio, é um "bloco errático, um achado pré-histórico que se recusa a encaixar-se numa paisagem bem-ordenada". Este sistema existia isolado e sem comprovação, para todos aqueles que não se interessavam por ele; era como que abstrato, ininteligível e, além disso, estava como que revestido com a máscara de "livro de oráculos", foi difamado como tal, e ficou presente na consciência de muito poucos.

2.º Estágio: O Código do DNA

O conhecimento hipersensível da dupla hélice do DNA, visível apenas de uma maneira muito tênue no microscópio eletrônico, é algo totalmente novo; seu cordão positivo-negativo engloba a programação surpreendentemente unificada da variada gama de cores de toda a vida em sua faceta vegetal, animal e humana. Pairando livremente como algo muito curioso e novo no âmbito da consciência humana — após um breve momento de perplexidade — foi reconhecido como um campo de pesquisa promissor. Já chegou a ser proclamado que depois da era atômica haverá uma era *biológica,* da manipulação da biogênese, com a criação de seres medonhos, e até a reconstrução teórica de dinossauros gigantes aparece como "o ápice das possibilidades!" (segundo a professora Margaret O. Dayhoff, de Silver Springs, MD). Este é o resultado "aprisionado à Terra", material, carente de meta e muito específico, da ciência moderna. Até agora, ninguém jamais ousou nem se arriscou a focalizar a atenção na lei espiritual ou nas forças imateriais. Isto é, ninguém se aventurou a enfocar o fato — que não pode deixar de ser considerado — de que por intermédio de um conjunto de "letras", de uma inteligência com uma finalidade de caráter impessoal, milhares de estruturas diferentes possam ser escritas, e em tal inacreditável plenitude, que a totalidade do plano dessa estrutura esteja contida em cada célula. Será que alguém poderia imaginar seriamente que um jato Jumbo ou um foguete Apolo poderia surgir através de um acaso estatístico? Quem concebeu o foguete Apolo na natureza — o homem? No plano de construção do código genético falta aqui a "cauda do elefante" visível, o "resto do elefante" (= 1º estágio). É fascinante conceber a idéia de que toda a natureza viva consiste de bibliotecas, de projetos semelhantes a livros encarnados; o andaime é, ao mesmo tempo, a própria construção!

3º Estágio

O caminho que vai do "correto" ao "unilateral". A lei abstrata, extraterrestre, "transcendental" ou — expresso em termos modernos — a lei que consiste de informação após o *big bang,* de um estado inefável, de uma "origem invisível" (Jean

Gebser) em matéria. Num quanta inconcebível, de voltagem positiva-negativa, essa "origem invisível" torna-se qualidades temporais de passado-presente-futuro (e, segundo Heisenberg, há nas esferas atômicas "certos processos" que parecem seguir na direção temporal inversa, e não na que corresponde à sua seqüência causal) no núcleo atômico e nas conchas eletrônicas (oito elétrons por concha) até as profundezas e à massa dos metais pesados. Isso deve ser lido, interpretado e seguido como um caminho conseqüente, que vai da qualidade e estrutura imaterial (no nível informativo) até a solidez compacta da matéria. Dos quarks hipotéticos postulados na teoria SU_3 de Gell-Mann até os fótons (massa 0), gravitons, elétrons, míons (neutrinos), mésons e barions. (É interessante notar que Gell-Mann utilizou com sucesso o sistema budista da "senda óctupla" para ordenar o enxame de partículas elementares, assim como aqui estamos usando o modelo budista das cinco etapas da meditação.) Citamos o trabalho de E. H. Graul e de H. W. Franke:[3]

"Isso levanta a questão de como podem ter surgido, partindo dos elementos mais simples, a variedade e a cor do mundo. Talvez se possa especular que o último elemento realmente elementar de nosso mundo tenha *uma única propriedade* que só aconteceu em *duas* situações... então apenas *uma* parcela de informação seria necessária para descrevê-lo... Talvez os elementos básicos de nosso mundo sejam de caráter informativo. Nosso mundo poderia então ser reduzido à informação."

Num artigo redigido pelo professor dr. Fritz Bopp, do departamento de física da Universidade de Munique, intitulado "Pesquisa nas Fronteiras da Física",[4] lemos o seguinte:

". . . No início da década de 30, descobrimos que ao colidir com partículas carregadas, os quanta de luz com energia suficiente podem desaparecer e ser substituídos por pares de elétrons, um positivo e outro negativo, sem nenhuma alteração na partícula com a qual colidiram. Como, ao colidirem, os elétrons formam, por sua vez, quanta de luz capazes de se transformarem de novo em pares de elétrons, estes aumentam rapidamente de número pela produção contínua de pares, enquanto houver energia suficiente.

Estados básicos de ordenação dos elétrons dos elementos

Z	K	L		M			N				O				P			Q
	1s	2s	2p	3s	3p	3d	4s	4p	4d	4f	5s	5p	5d	5f	6s	6p	6d	7s
1 H	1																	
2 He	2																	
3 Li	2	1																
4 Be	2	2																
5 B	2	2	1															
6 C	2	2	2															
7 N	2	2	3															
8 O	2	2	4															
9 F	2	2	5															
10 Ne	2	2	6															
11 Na	2	2	6	1														
12 Mg	2	2	6	2														
13 Al	2	2	6	2	1													
14 Si	2	2	6	2	2													
15 P	2	2	6	2	3													
16 S	2	2	6	2	4													
17 Cl	2	2	6	2	5													
18 Ar	2	2	6	2	6													
19 K	2	2	6	2	6		1											
20 Ca	2	2	6	2	6		2											
21 Sc	2	2	6	2	6	1	2											
22 Ti	2	2	6	2	6	2	2											
23 V	2	2	6	2	6	3	2											
24 Cr	2	2	6	2	6	5	1											
25 Mn	2	2	6	2	6	5	2											
26 Fe	2	2	6	2	6	6	2											
27 Co	2	2	6	2	6	7	2											
28 Ni	2	2	6	2	6	8	2											
29 Cu	2	2	6	2	6	10	1											
30 Zn	2	2	6	2	6	10	2											
31 Ga	2	2	6	2	6	10	2	1										
32 Ge	2	2	6	2	6	10	2	2										
33 As	2	2	6	2	6	10	2	3										
34 Se	2	2	6	2	6	10	2	4										
35 Br	2	2	6	2	6	10	2	5										
36 Kr	2	2	6	2	6	10	2	6										

Z	K	L		M			N				O				P			Q
	1s	2s	2p	3s	3p	3d	4s	4p	4d	4f	5s	5p	5d	5f	6s	6p	6d	7s
37 Rb	2	2	6	2	6	10	2	6			1							
38 Sr	2	2	6	2	6	10	2	6			2							
39 Y	2	2	6	2	6	10	2	6	1		2							
40 Zr	2	2	6	2	6	10	2	6	2		2							
41 Nb	2	2	6	2	6	10	2	6	4		1							
42 Mo	2	2	6	2	6	10	2	6	5		1							
43 Tc	2	2	6	2	6	10	2	6	6		1							
44 Ru	2	2	6	2	6	10	2	6	7		2							
45 Rh	2	2	6	2	6	10	2	6	8		1							
46 Pd	2	2	6	2	6	10	2	6	10									
47 Ag	2	2	6	2	6	10	2	6	10		1							
48 Cd	2	2	6	2	6	10	2	6	10		2							
49 In	2	2	6	2	6	10	2	6	10		2	1						
50 Sn	2	2	6	2	6	10	2	6	10		2	2						
51 Sb	2	2	6	2	6	10	2	6	10		2	3						
52 Te	2	2	6	2	6	10	2	6	10		2	4						
53 J	2	2	6	2	6	10	2	6	10		2	5						
54 Xe	2	2	6	2	6	10	2	6	10		2	6						
55 Cs	2	2	6	2	6	10	2	6	10		2	6			1			
56 Ba	2	2	6	2	6	10	2	6	10		2	6			2			
57 La	2	2	6	2	6	10	2	6	10		2	6	1		2			
58 Ce	2	2	6	2	6	10	2	6	10		2	6			2 ?			
59 Pr	2	2	6	2	6	10	2	6	10		2	6			2			
60 Nd	2	2	6	2	6	10	2	6	10		2	6			2			
61 Pm	2	2	6	2	6	10	2	6	10		2	6			2 ?			
62 Sm	2	2	6	2	6	10	2	6	10		2	6			2			
63 Eu	2	2	6	2	6	10	2	6	10		2	6			2			
64 Gd	2	2	6	2	6	10	2	6	10		2	6	1		2			
65 Tb	2	2	6	2	6	10	2	6	10		2	6	1		2			
66 Dy	2	2	6	2	6	10	2	6	10		2	6			2			
67 Ho	2	2	6	2	6	10	2	6	10		2	6			2			
68 Er	2	2	6	2	6	10	2	6	10		2	6			2			
69 Tm	2	2	6	2	6	10	2	6	10		2	6			2			
70 Yb	2	2	6	2	6	10	2	6	10		2	6			2			
71 Lu	2	2	6	2	6	10	2	6	10		2	6	1		2			
72 Hf	2	2	6	2	6	10	2	6	10		2	6	2		2			
73 Ta	2	2	6	2	6	10	2	6	10		2	6	3		2			
74 W	2	2	6	2	6	10	2	6	10		2	6	4		2			
75 Re	2	2	6	2	6	10	2	6	10		2	6	5		2			
76 Os	2	2	6	2	6	10	2	6	10		2	6	6		2			
77 Ir	2	2	6	2	6	10	2	6	10		2	6	7		2 ?			

Z	K	L	M	N	O	P	Q
	1s	2s 2p	3s 3p 3d	4s 4p 4d 4f	5s 5p 5d 5f	6s 6p 6d	7s
78 Pt	2	2 6	2 6 10	2 6 10	2 6 9	1 ?	
79 Au	2	2 6	2 6 10	2 6 10	2 6 10	1	
80 Hg	2	2 6	2 6 10	2 6 10	2 6 10	2	
81 Ti	2	2 6	2 6 10	2 6 10	2 6 10	2 1	
82 Pb	2	2 6	2 6 10	2 6 10	2 6 10	2 2	
83 Bi	2	2 6	2 6 10	2 6 10	2 6 10	2 3	
84 Po	2	2 6	2 6 10	2 6 10	2 6 10	2 4	
85 At	2	2 6	2 6 10	2 6 10	2 6 10	2 5	
86 Rn	2	2 6	2 6 10	2 6 10	2 6 10	2 6	
87 Fr	2	2 6	2 6 10	2 6 10	2 6 10	2 6	1
88 Ra	2	2 6	2 6 10	2 6 10	2 6 10	2 6	2
89 Ac	2	2 6	2 6 10	2 6 10	2 6 10	2 6 1	2 ?
90 Th	2	2 6	2 6 10	2 6 10	2 6 10	2 6 2	2 ?
91 Pa	2	2 6	2 6 10	2 6 10	2 6 10	2 6 3	2 ?
92 U	2	2 6	2 6 10	2 6 10	2 6 10	2 6 4	2 ?
93 Np	2	2 6	2 6 10	2 6 10	2 6 10 4	2 6 1	2 ?
94 Pu	2	2 6	2 6 10	2 6 10	2 6 10 6	2 6	2 ?
95 Am	2	2 6	2 6 10	2 6 10	2 6 10 7	2 6	2
96 Cm	2	2 6	2 6 10	2 6 10	2 6 10 7	2 6 1	2 ?
97 Bk	2	2 6	2 6 10	2 6 10	2 6 10 8	2 6 1	2 ?
98 Cf	2	2 6	2 6 10	2 6 10	2 6 10 10	2 6	2 ?
99 Es	2	2 6	2 6 10	2 6 10	2 6 10 11	2 6	2 ?
100 Fm	2	2 6	2 6 10	2 6 10	2 6 10 12	2 6	2 ?
101 Md	2	2 6	2 6 10	2 6 10	2 6 10 13	2 6	2 ?
102 No	2	2 6	2 6 10	2 6 10	2 6 10 14	2 6	2 ?
103 Lw	2	2 6	2 6 10	2 6 10	2 6 10 14	2 6 1	2 ?

Estas tabelas mostram o princípio uniforme de construção dos elementos, desde o hidrogênio até os metais transuranos, segundo os quais o envoltório dos elétrons de cada átomo é visto como decorrente daquele que o antecede, pelo acréscimo de mais um elétron.

Todo o sistema periódico pode ser concebido como sendo formado do hidrogênio (H), pelo aumento sucessivo da carga nuclear em unidade (= +) e pelo acréscimo de mais um elétron por elemento.

Cada período do sistema corresponde a um concha de elétron saturada com 8 elétrons. O número de ordenação (à extrema esquerda = Z) corresponde ao número de cargas positivas do núcleo, portanto, também dos elétrons na concha atômica.

No que parecem ser desvios (por exemplo $2 + 8 + 8 + 18$), às vezes só parcelas de revestimentos são completadas; nelas o impulso angular intrínseco total e orbital é igual a 0. Se não os elétrons "normais" $2 + 6 = 8$ = concha saturada, com a concha exterior surgindo sempre até 6; e esta concha mais externa (1, 2 ou 3 H) é determinante sobre a atividade química, enquanto a concha saturada é muito estável e "quieta."

(Poder-se-ia pensar numa comparação com as seis linhas "ativas" do *I Ching*, ou com as "não enfatizadas", quando então, após a sexta linha, viria o próximo hexagrama.)

Este é um sistema impressionante em sua uniformidade até o ferro (Fe, Z 26) e o reproduzimos aqui pois provavelmente não deve ser conhecido pelo leigo. E consiste da matéria surgindo como uma avalanche a partir de *uma* carga positiva e de *uma* carga negativa, até os elementos mais pesados e densos.

No caso de energias de raios cósmicos de um único quantum de luz extremamente elevadas — que não possuem por si só uma massa em repouso — surgem por volta de um bilhão de pares de elétrons, cujo peso pode ser mais ou menos equivalente ao de um bilhão de átomos de hidrogênio. A matéria então não é algo que permanece imutável no decorrer de todas as transformações...

Além disso, houve um acúmulo cada vez maior da evidência a confirmar que há uma interdependência nas mutações das partículas elementares. *Cada partícula contém potencialmente todas as outras*. A durabilidade do mundo não é, portanto, garantida pela matéria, e sim através da *lei* que dirige as mutações. Esta lei é, assim, uma questão de fundamental importância."

"Não é em nossas imagens de mundo que devemos procurar apoio, e sim na ordem da realidade que nunca podemos abarcar por completo com as imagens, porém das quais nos podemos ir aproximando cada vez mais."

Pois bem, o *I Ching* é a lei da mutação através da qual 64 estados se transformam em outros 64 estados; a frase citada acima bem poderia ter sido deduzida do *I Ching*.

Um texto do dr. Siegbert Hummel intitulado "Polaridade na filosofia chinesa"[5] diz o seguinte:

"O Tao compõe o um, o um compõe o dois (ao mesmo tempo que a si mesmo); o dois compõe o três (ao mesmo tempo que a si mesmo); e o três compõe todas as criaturas."

Na linguagem do *I Ching:* a "programação" pelo esquema do computador transcendente e imaterial de 64 elementos, dos 64 estados de tensão concebíveis, determina o sentido e a direção da energia do SER imaterial, até o surgimento da matéria. Existe aqui uma "ordem de realidade" precisa, semelhante à exigida por Fritz Bopp.

Temos então uma idéia aproximada de como as coisas se sucederam na nossa Terra, e provavelmente em várias outras terras. Substâncias orgânicas surgiram "por acaso" (?) a partir da fervura de uma sopa-arcaica, simples aminoácidos, o tipo mais primário de metabolismo, e, então, a grande jogada: a cadeia de moléculas, precursoras do DNA, antecessoras dos vírus, os processos tornando-se cada vez mais permanentes e consistentes ao serem codificados nos cordões para copiar programas = aumento! Matéria orgânica unicelular, e depois multicelular, e então toda a árvore da vida vegetal e animal. Há algo que foi bem calculado: que o desenvolvimento nem sequer teria avançado até ao vírus por mero acaso; isso significa que há em cada ser vivo um impulso enfurecido em ação,[6] e que evita de modo inteligente os becos sem saída. Como, de onde, quem, por quê? Cada resposta encontrada encobre mil novas perguntas. Após incontáveis desvios, vias errôneas, a genealogia dos mamíferos conduziu até os pré-estágios do homem: pongidos, ramapithecus, australopithecus, homo habilis, ser humano.

E agora, o homem dotado de uma razão descobre a chave de toda a vida, o código genético, os blocos de construção uniformes, com suas infinitas variações. Ele tenta interpretar a si mesmo. Será que este foi o propósito do *big bang?*

Recapitulemos em termos de meditação: polaridade primária, a "explosão" do Tao, o princípio-estrutural-do-código de 64 elementos em infinitas variações bastam para a origem dos elementos e suas combinações em sóis e planetas, em plantas, animais e homem. O caminho que parte das entidades imateriais e informacionais pode ser investigado numa seqüência completa em sua lógica inquebrantável, que conduz até o homem, abrindo-lhe a possibilidade de reconhecer todo esse "caminho" e de contemplá-lo, reconstruindo-o.

4.º Estágio

Desde o caminho do "unilateral" até o "correto". Após a completa formação da matéria em seus elementos, suas plantas e animais, aparentemente já não reina nenhum vestígio de algo transcendente. Num mundo visto como *Hyle*, como matéria, na tristeza da criatura, no mundo frio e escorregadio dos répteis do 3.º estágio da criação onde se come e se é comido, o espírito e a lei tornaram-se invisíveis, e passaram para o esquecimento; a energia incomensurável da origem das galáxias, com uma temperatura de vários milhões de graus, este surto para fora da dimensão da pura energia, parece ser interrompido. Apesar do surgimento do homem racional, prevalecem abismos de sofrimentos, de erros e confusões, de guerras e doenças, de assassinatos e torturas. E de dentro deste precipício de fixidez, de incertezas, de dores e de patologias, após milhões de anos de "decadência", abre-se nas periferias da mente humana — como que por puro milagre — o caminho "para além do tempo e do espaço", no sorriso inefável do Buda. E, por intermédio de sua psicanálise do sofrimento — que supera a todas as outras psicologias subseqüentes — surge uma visível liberação do sofrimento, passível de ser ensinada e vivenciada. Quase simultâneo ao florescer do espírito humano no Mediterrâneo — nas artes plásticas da Grécia clássica, nas palavras imperecíveis e incorruptíveis de Sócrates, no poderoso reinício do mundo do amor pessoal e da responsabilidade que Cristo trouxe ao mundo — brota o novo caminho "além do tempo e do mundo" que, no entanto, está constantemente ameaçado pelo perigo de um novo erro (daí o profundo medo de "heresia" ou das falhas dos ensinamentos, combatidas a ferro e fogo). O budismo enfatiza expressamente a possibilidade singular e única da existência humana de chegar ao conhecimento, de alcançar a libertação plena. E, por essa razão, situa a existência humana acima até dos "mundos dos deuses".

Como estágios preliminares do caminho "transcendente", podemos citar as religiões da natureza, arcaicas e anônimas, partindo do "servo" e conduzindo ao "mestre": há o shamanismo, o totemismo, os ensinamentos do "mana" e o culto dos mortos, cujo apogeu se deu no antigo Egito. Na China pré-histórica, três mil anos antes da nossa era, o *I Ching* foi formulado por Fu-Hsi, única testemunha entre todos os outros sistemas de mundo de todos os filósofos, que aponta para um esquema de 64 estados como um código, uma lei universal. Há 5 mil anos, os chineses encontraram a lei exata, a transcendência em toda sua plenitude. Além destes e de outros viajantes a caminho, partindo do "aqui-e-agora" em direção ao transcendente, além dos fundadores das grandes religiões universais, inúmeros místicos incógnitos transitaram por esta "via" à procura da senda rumo à iluminação, descrevendo-a em termos surpreendentemente semelhantes. Há, por exemplo, as formulações do Mestre Eckhardt, que causaram grande perplexidade entre os budistas Zen no Japão, devido à semelhança de seu vocabulário com o dos ensinamentos clássicos dos mestres Zen. E seria absolutamente correto enfocar a epistemologia da ciência moderna como parte deste caminho, vindo de formas materiais infinitamente diversas, e convergindo para a lei una, para a não-forma (que até hoje infelizmente foi simplificada como mera abstração, a um "como . . . se" irreal).

Nas formulações citadas acima, a "informação" é enfocada como essência do mundo, como um ângulo do "correto", com a mesma exatidão encontrada no *I Ching*, porém vista *com um olho só!* A visão do *I Ching* é *estereoscópica, binocular*, não apenas na estrutura como também na potência, na dinâmica do imaterial como lei universal, como moralidade válida em sua universalidade e eternidade, tanto quanto no programa estrutural do mundo. Uma fórmula de mundo de energia explosiva, não uma mera imagem gráfica. Lembremo-nos mais uma vez da assombrosa semelhança e, mais ainda, do fato de serem idênticas à imagem (*I Ching*) e à realidade (código genético.)

Símbolo do I Ching 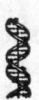 *Símbolo do DNA*

2 cm

Como o intelecto ocidental se beneficiaria ao lidar com estes poderes com reverência e cuidado, ao respeitar a realidade das forças espirituais! No *I Ching* — e em sua doutrina dos oito poderes —, e na combinação dos 64 estados inibidores ou propulsores (às vezes, anunciando boa fortuna, às vezes trágicos acontecimentos, por vezes físicos e outras, psicológicos) num sistema de circuito de computador matematicamente claro, abrangendo a transformação destes 64 símbolos numa elevada ordem polar, reverenciando o sexo animal como fenômeno central, o Ocidente poderia adquirir sem dogmatismos, sem sacrifícios, com saudável bom senso — como ocorre em quase todas as religiões excetuando-se o budismo — além de um olhar aguçado no que se refere ao detalhe, uma visão igualmente nítida do universal. Um enfoque válido em geral, e profundamente humano, para ver o mundo *inteiro* e em termos de *polaridade,* e não *dualista,* distorcido e alienado.

Repetimos, para meditação: o código genético com suas 64 palavras-código agora conhecidas abre a possibilidade do pensamento: vai do "aqui-e-agora" até o código genético. Da matemática encarnada no código genético (veja tabela à pág. 80) surge uma compreensão filosófica holística e verdadeira, que conduz muito além do "caráter fictício" da maioria dos filósofos, dos dogmas desprovidos de bom sentido, das estruturas de fé irreais da maioria das religiões, conduzindo diretamente àquele "retorno" transcendente.

Em sua busca metafísica sem este conhecimento, tateando às cegas, dirigidos pela intuição, encontram o caminho seguido pelos místicos. No entanto, esta senda é freqüentemente perdida por causa de seus inúmeros becos sem saída e seus desvios errôneos. Trata-se do caminho de meditação de suprema precisão, uma metafísica exata, uma unidade indivisa de natureza e espírito.

Talvez o leitor tenha notado que só se logrou uma delimitação pouco precisa destes estágios, e que eles se confundem uns com os outros, pois representam uma cisão artificial, intelectual, de uma única entidade do ser.

5º Estágio

A identidade do "correto e do unilateral", do "transcendente" e do "aqui-e-agora", da chave universal do *I Ching* e do código de vida do DNA.

A identidade só pode ser consumada e sentida na compreensão de que os dois códigos são *um só código*; é demasiado fácil para o discernimento focalizar-se na identidade de ambas as pedras angulares: o projeto de mundo *I Ching* e o alfabeto de programação de vida, cada qual com suas 64 palavras-código. No entanto, quão infinitamente "tênue" parecem ser estas duas pedras angulares da natureza. Séculos se passaram sem quase nenhum conhecimento do *I Ching;* milhões de pessoas não têm a menor noção da estrutura de seu cordão de vida do DNA. Apesar da "biblioteca" completa presente em cada célula, a massa dos cordões do DNA de toda a humanidade viva preencheria apenas uma pequena noz — uma delicadeza que desafia a imaginação. No entanto, trata-se da matéria! O estágio que precede estes cordões, o desenho espiritual das 64 "palavras" EM AMBOS OS CASOS É INFINITAMENTE MAIS DELICADA; todo o restante, a plenitude do mundo, tornou-se "carne" em volta deste cordão inconcebivelmente delicado. Todo o destino, todos os dados do mundo, podem ser expressos através das oito forças e dos 64 hexagramas. O conhecimento esotérico dos iniciados do *I Ching*, sua possibilidade divinatória decorrente do vislumbre no interior da natureza de todas as coisas matematicamente prescritas e não "fortuitas", e o conhecimento esotérico dos futuros geneticistas, de que algum dia serão capazes de predizer os desenvolvimentos propositais e planejados de certo DNA, podem parecer legitimamente muito incômodos e indesejáveis, e até mesmo perigosos. No entanto, o destino do mundo futuro pode depender da consumação do contato e da interligação entre a ordem irresistivelmente radiante e ética do *I Ching*, e o conhecimento não dirigido e sem raízes morais das possibilidades da genética, com seus becos sem saída suicidas.

Vamos tentar efetuar mais uma vez a união de ambas as "extremidades" do "elefante" (permitam mais uma referência a esta metáfora grosseira) que nós, filósofos cegos, intuímos como unidade por um lado, e os cientistas cegos, por outro. Em ambos os casos, o modelo de 64 itens com suas quatro letras, das quais se usam três, é a maneira perfeita (como demonstrado acima pela primeira vez) pela qual os dois códigos podem ser interligados em sua grafia, a reivindicação universal da filosofia do *I Ching* por um lado (cosmogonia, programação de todas as seqüências de desenvolvimento), e a geneticista por outro (toda a noção de vida sendo mantida e propagada segundo o código de 64 símbolos). Com a linha de demarcação entre a natureza animada e inanimada tornando-se cada vez mais fluida, surge a seguinte questão: qual é a parcela animada da natureza, se comparada com a natureza "inanimada"? O filósofo do *I Ching* ainda não suspeitara da mobilidade de alta velocidade de cada átomo; o geneticista ainda não desconfiara da continuidade do código de 64 símbolos nos âmbitos pré-biológicos, chegando às origens do mundo. Desde a "origem invisível" (Jean Gebser) anterior à divisão do tempo e do espaço, anterior à divisão do espírito e da matéria, até o homem pensante e sua história, o código do mundo torna-se discernível como a estrutura mais interna, como uma grafia e uma linguagem universal, o esperanto da natureza. Sem A LEI como suporte onipresente da totalidade da natureza, é evidente que, aos olhos do biólogo molecular Jacques Monod, o homem parece ser "um acerto ocasional da natureza", e resta, sem dúvida, um enorme desamparo e tristeza quando o SENTIDO (do chinês Tao) é desconhecido. No *I Ching* de Fu-Hsi, como no livro do Tao de Lao-Tsé, esta lei fundamental do mundo está inserida *in persona*. Seu reconhecimento pela ciência moderna baseada na concordância, sua unificação com a indubitável descoberta do código genético, poderia ser comparada no que concerne à tristeza, à rejeição e ao desamparo, e até na autodestruição previsível do homem em queda (a lei não seria afetada ou prejudicada neste caso, já que não se identifica com o humano) — à descoberta feliz de um piloto de avião *starfighter* que, prestes a cair, encontrasse, no último segundo, a alavanca de seu assento ejetor.

Meditação sobre o 5.º Estágio

Em vez da possível consumação da meditação do 5º estágio — a unidade do sistema de mundo do *I Ching* e o sistema natural do DNA — e, em vez de elaborar a vivência (e o resultado) a ser esperado, tomo a liberdade de contar um incidente ocorrido em minha época de estudante.

Numa escura tarde de outono, cansado, faminto e num estado de ânimo confuso, eu perambulava por entre paredes dilapidadas e fui penetrando numa floresta. Caminhei sem rumo através da imensidão, de um lado para outro, e atravessei uma planície. Deparei-me com uma ponte estreita e desconjuntada sobre um canal, fiquei em pé em seu centro e, erguendo o olhar, vi uma paisagem de uma beleza de tirar o fôlego! Eu estava em pé exatamente sobre o eixo de longitude (do canal) de um gigantesco parque, do qual desdobravam-se simetricamente, de ambos os lados, majestosas alamedas de árvores seculares rigorosamente ordenadas, gloriosas no brilho do outono. Neste momento, o sol crepuscular reluziu fogoso mais uma vez iluminando as árvores e se pôs no horizonte, exatamente no ângulo de um "caminho de sol" de reflexos infinitos. Vireime e, do outro lado do canal, vi o castelo real com suas fontes, escadarias, e uma centena de janelas incandescentes que pareciam acesas por dentro, mas que, na realidade, eram iluminadas pelo reflexo do pôr-do-sol, que neste único dia 23 de setembro desaparecia exatamente no eixo oeste! O momento desdobrou-se em eternidade, conferindo, à minha pobre existência confusa, um padrão e uma ordem (23 de setembro de 1938 — Castelo de Nymphenburg).

Não será difícil para o leitor fazer suas próprias comparações: o sol = *I Ching*; o "caminho do sol" e o canal = o código de 64 elementos do DNA, que vai "daqui até lá"; o castelo e o parque = a totalidade do cosmos animado; o homem "iluminado" = o sujeito de todos os objetos. Do abandono supostamente sombrio e caótico do "homem golpeado pelo acaso" (Monod) — por intermédio de uma chave universal da filosofia natural de ordem integrante em sua polaridade e não-dualista, e através de *uma fórmula da realidade* (segundo Bopp) — abre-se um panorama da realidade com perspectivas de iluminação. E o mundo torna-se um paraíso. Estou falando sério! Dois mil anos de pensamento ocidental dualista, desprovido da polaridade tão vitalmente importante de ser mantida — assim como os cordões do DNA sempre são combinados em pares, numa polaridade exata — resultaram numa visão equívoca do mundo inteiro. Aquele que se dedica unilateralmente apenas ao bem, que reconhece apenas um Deus-pai (e nenhuma Deusa-mãe), que usa o fogo e a espada sem inibições — pois só assim encontra uma válvula de escape para o sexo tão combatido e até atribuído ao demônio — perde o controle da nave espacial Terra, e é incapaz de utilizar os sistemas acertados para corrigir seu curso. Pois o comando funciona sempre polarizando, envolvendo uma reação hipersensível e contínua às oposições polares.

O leitor encontrará os conselheiros adequados na bibliografia anexa: através da tradução de Richard Wilhelm torna-se muito fácil a compreensão e a utilização prática dos ensinamentos da polaridade do *I Ching*, com sua pátina venerável e secular. A obra *Schöpferische Indifferenz* (Indiferença Criativa) de S. Friedländer[7] que pode ser encontrada somente nas grandes bibliotecas, descreve uma aplicação extremamente prática da polaridade filosófica. Cada pessoa tem a incumbência de substituir as forças espirituais do pensamento, da vontade e até das sensações — unilaterais e dualistas, até agora soberanas — pelos "verdadeiros" pares que funcionam revestidos de polaridade (pág. 57), pela percepção, pela efetuação e pela conscientização, em seus aspectos ativos e passivos. E tem ainda a incumbência de considerar as forças primárias conjugadas em sua polaridade, sempre fornecendo um novo equilíbrio, e percebendo com sutileza os distúrbios da harmonia, a fim de corrigi-los de modo ativo.

Esta é a conclusão, o conselho médico final, que poderia ajudar o leitor a aplicar a polaridade de modo prático.

Por certo, uma teoria universal cientificamente reconhecida como integradora, válida para tudo, traria enormes benefícios, polarizando a indiferença universal e apresentando um mundo nitidamente ordenado, com uma cosmogonia de dados informacionais e de diferenciação dos elementos, desde o hidrogênio até os elementos transurânicos, da biogênese — desde os pré-estágios do metabolismo até a hemoglobina, da simples cadeia molecular até o DNA (já amplamente comprovado na atualidade). Tratar-se-ia de um processo contínuo percorrendo desde a primeira informação-Bit até o homem, e descortinando uma visão do mundo. Em vez de numerosos sistemas e enfoques de vida, hipóteses e mundos parcelados, em primeiríssimo lugar viria a aproximação e a integração de todos estes sistemas. Recordamos mais uma vez a esperança expressa por Leibniz quanto à filosofia chinesa: a de sua união com a ciência e com a teologia do Ocidente numa *pansophia*, numa *scriptura universalis*, numa *lingua naturae* (linguagem, grafia, livro da natureza). Isto é, sem dúvida, o que teria ocorrido se uma mente de seu gabarito tivesse tido conhecimento da descoberta do código genético — seu assentimento entusiasmado certamente teria sido dado com a rapidez de um raio. E Leibniz teria compreendido de imediato que o sistema de 64 símbolos do *I Ching* e do código formam UM sistema, UMA lei. Tão certamente como a reação de espíritos universais sobre este 5º estágio (e talvez todo médico clínico geral precise de um grão desta universalidade) — ou seja, tão inevitavelmente como conseguirão integrar a fórmula de mundo do *I Ching* com o código genético —, será também a indubitável reação negativa dos especialistas, espíritos de tipo wagneriano, copistas de Fausto. Baseados em suas opiniões dualistas enrijecidas, eles quase não serão capazes de reconhecer ou utilizar uma tal chave-mestra — pois esta poderia desprestigiar o molho de chaves do especialista. E continuarão a rejeitar o estabelecimento de uma tal inter-relação como algo anticientífico, não permitido, e indesejável.

Para o "homem inteiro" (enraizado na polaridade e não esquizofrênico), esta quinta etapa seria certamente uma profunda confirmação, uma feliz reintegração dos mundos cindidos e esquizóides da fé por um lado, e da ciência por outro. Se agora, como membro de uma igreja, ele segue os amplos caminhos da fé, ou como filósofo ou místico, ele trilha a "via direta", o Caminho do Meio, "livre de contradições", o transcendente tornar-se-ia mais uma vez um bem intocável e inviolável para todos, pois estaria integrado na ciência (do mesmo modo como a ciência concebida como Tao ou como Sentido está, por seu lado, arraigada no "correto" e no transcendental) e já não mais seria adquirida por intermédio de um *sacrificium intellectus*.

Pois, mesmo se todos os seres vivos vistos em termos do acaso forem projetos experimentais do impulso de uma energia de imensa riqueza (o "id" de Freud assumido por Groddeck[8] no *Livro do Es*), só é possível ao homem "o golpe acertado do acaso" como ponto de partida para percorrer o caminho retrospectivo da meditação, além do tempo e do mundo, o caminho de todos os filósofos. Esta trilha, de fato, vai muito além do superego de Freud, e é repetidamente assinalada no *I Ching*, junto com a lei que jaz nas bases, o esqueleto matemático da natureza. Para aquele que conhece a tradição do Extremo Oriente não há dúvida de que através dos métodos de meditação ensinados com precisão — desde a ioga e especialmente o Budismo Zen — o caminho já foi palmilhado rumo à sua meta: a libertação, o nirvana, o desapego das contradições dualistas, o SATORI.

Talvez o crédito concedido ao *I Ching*, em decorrência de ele ser idêntico ao código genético, afaste o desprestígio superficial e cômodo do europeu no que diz respeito a estas experiências como algo sem valor científico e, portanto, não verdadeiro. Poderia então aflorar o fato de que o reconhecimento da exclusão dos fatores espirituais e da alma (por exemplo, o campo de transição entre o desejo de eu mover meu dedo, e o movimento do dedo em si) — fosse e continue sendo um disparate desprovido de valor científico, imperdoável.

O verdadeiro domínio do *I Ching* encontra-se justamente nesta zona limítrofe. Nas vizinhanças desta fronteira em que Heisenberg parece ter encontrado o retrocesso do tempo nos processos atômicos,[9] abre-se uma janela no muro de nossa concepção prévia do universo. Este muro é a dualidade, edificada pelo homem há dois mil anos no lugar da polaridade para preencher toda a Natureza; uma Natureza que, de fato, não consiste de nada além destes "quanta" polares. O *I Ching,* assim como o DNA — à semelhança de verdadeiros livros de ensinamento da natureza —, poderia nos abrir um novo panorama estereoscópico, em vez da vista anterior de ordem dualista-monocular. Uma visão de um mundo do mais minucioso quantum espaço-temporal incrivelmente carregado de energia, no qual o "ou isto . . . ou aquilo" de Aristóteles tivesse apenas uma aplicação limitada, enquanto o "ambos. . . e" da polaridade retomaria a validade da consumação consciente (Jean Gebser, *Dualismo e polaridade*). Nossa sobrevivência depende do desafio de tal consumação.

SÍNTESE DE TODAS AS REFLEXÕES

Inteiramente cônscio da insuficiência de quaisquer tentativas de apresentar numa forma de pensamento clara uma descoberta de tão difícil alcance graças à sua natureza "imponente" (Jean Gebser), daremos mais uma visão de conjunto dos conteúdos e dos resultados deste trabalho.

O autor pede desculpas pelos erros formais e pelas formulações que possam parecer inexatas aos olhos do especialista.

O importante é prestar atenção à mensagem!

1. Os sete pontos de semelhança entre o *I Ching* e o código genético, assim como foram publicados em 1969.

2. Anunciou-se uma semelhança acentuada entre um sistema de filosofia natural — o *I Ching* — que contém um código de 64 símbolos, e o código genético, igualmente detentor de um sistema de 64 elementos.

3. E não apenas *semelhança*, pois ambos os códigos são também idênticos — e o *I Ching* como fórmula de mundo baseia-se no sistema numérico binário.

4. Esta *semelhança* seria reduzida, em ambos os casos, a uma ocorrência banal do sistema binário de números, se não fosse pela reivindicação de validade universal dos dois sistemas. Uma pesquisa dos dois códigos e do *I Ching* como fórmula de mundo, ou seja, como sistema mais abrangente que "emerge" no código do DNA como um caso especial. O que se declara aqui então é uma prioridade para o *I Ching*!

5. A transcrição do código DNA em números binários, e do *I Ching* em símbolos (processo este que é facilitado para o leitor pelos algarismos correspondentes), não revela uma ordem matemática.

A inversão das letras genéticas A-G para G-A revela uma ordem matemática exata, ou melhor, essa ordem exige uma inversão! Deve-se aguardar um julgamento especializado para averiguar se aqui também não existe uma espécie de ordem periódica dos aminoácidos; e, mais ainda, resta saber até que ponto esta ordem representa uma lei da natureza. Além disso, a transcrição permite que os códons de "pontuação" UAA, UGA e GUG sejam verificados em *O livro das mutações* — uma espécie de teste sobre a identidade postulada, referente a um exemplo concreto:

UAA = ☰ =
STOP

UGA = ☱ =
STOP

"STOP" = o término de uma seqüência do código genético é sinônimo do significado de "Retirada" e de "Estagnação".

GUG = ☳
START

significa a natureza jovial da situação, e a transição para algo novo!

Esta ligeira amostragem baseada nestes exemplos parece de fato denotar uma estranha coincidência, e resulta numa semelhança de sentido. Concluímos, portanto, que há uma *se-*

melhança mais ampla entre o significado do códon do DNA e o símbolo do *I Ching*, que há um princípio de ordem revelado casualmente no código genético, por causa do *I Ching*.

6. *Semelhança* dos símbolos gráficos básicos. Um dos parâmetros que a pretensão de objetividade da ciência ridiculariza oficialmente, porém que mesmo assim utiliza com diligência — consulte o relatório de Watson[2] sobre a descoberta da dupla hélice (ele teve a fantasia mais genial e por isso ganhou a corrida!) — é a fantasia criativa, que gira incansavelmente em torno do tema, até ser envolvido por seu segredo.

A aplicação sistemática deste instrumento revela mais uma *semelhança* — visualmente impressionante — entre os dois sistemas.

a) Se contínuo em sua representação gráfica, o ideograma do *I Ching* tem a mesma forma da hélice do DNA, em sua imagem fotografada ao microscópio eletrônico.

b) A curva da hélice para a direita, no sentido horário, é idêntica, ou seja, é o reflexo da imagem da espiral em direção oposta (anti-horária).

c) Ambas impressionam o espectador por serem seqüências que ocorrem, ou que podem ser concebidas, como extensões muito longas, e até infinitas. No caso do DNA humano, poderia estender-se até milhares de andares de hélices duplas.

7. *Semelhança* em relação à *variabilidade* e à *invariabilidade*. Monod acredita que a característica particular da potência do DNA reside em sua invariabilidade estável, e em sua livre variabilidade. A tradução do título do *I Ching* significa: A ESTABILIDADE e A MUTAÇÃO.

Estas *semelhanças* foram motivo de uma tentativa de superpor o símbolo do *I Ching* e o da hélice do DNA. Logrou-se escrever em 24 andares duplos não apenas todas as 64 palavras-código do DNA necessárias para a síntese das proteínas do corpo, como também para uma estrutura espiritual e anímica, numa psicossomática futura completamente nova. Isso se daria mediante elementos estruturais óctuplos referentes à alma e ao espírito, que, segundo os ensinamentos do *I Ching*, seriam inteiramente suficientes para o desdobramento temporal em 64 partes no âmbito do comportamento, do desenvolvimento, do "destino" e do caráter. Ao mesmo tempo, seria possível extrair seqüências deste alfabeto que — tanto no seu aspecto de DNA como no seu aspecto *I Ching* — poderiam ser curtas e primárias, ou de grande complexidade. As conseqüências destas possibilidades tornariam nítido o amplo campo potencial de visão desta "descoberta" — por exemplo, uma psicologia "objetiva" (mesorismo: códon $\longleftrightarrow$ *psychon*).

8. *Semelhança* entre os ensinamentos de acaso do *I Ching* e as modernas teorias da física, assim como a teoria da SU_3, que pode ser aplicada à hiperestrutura do DNA (consultar o diagrama referente à estruturação dos elementos do *I Ching* e a dos *quarks!*).

Como métodos de investigação da aparição da forma existente que surge da não-existente, o texto do livro do acaso, *I Ching*, utiliza as mais minúsculas unidades triplas com "carga" positiva ou negativa, para construir um elemento linear, que só então "aparece" na manifestação. Os ensinamentos referentes ao "acaso", contidos nas afirmações do I Ching, semelhantes às que se relacionam com a estrutura do acaso das partículas elementares, permitem o emergir "fortuito" do DNA, das plantas, dos animais e do próprio homem. Outras analogias: a álgebra SU_3, com as variantes SU_6 e SU_{12}, e as variantes de 12 nos trigramas e nos hexagramas do *I Ching*.

Seja como for, o *I Ching* reconhece o acaso estatístico da ciência objetiva apenas como *uma* entre oito possibilidades. Há variantes precisas do acaso baseadas na intuição, nos sentimentos, nas sensações, etc. (consultar o esquema à pág. 57) que ocorrem de modo perfeitamente descritível. O *I Ching* insiste, entretanto, em que todas as oito possibilidades espirituais só devem ser relacionadas entre si após cuidadosa observação, de acordo com o seguinte regulamento: realize a harmonia interna = a unidade com o Tao, uma promessa de sabedoria, de harmonia e de boa fortuna que vem ao nosso encontro.

9. A *semelhança* do significado filosófico central do problema: *acaso* e *necessidade* segundo Monod, e segundo o *I Ching*.

Monod exige "o despertar do homem de modo a tornar-se um observador objetivo desta natureza", e no pleno conhecimento de sua existência fortuita e agora invariável se torna "livre de sonhos animistas".

O *I Ching* é a manifestação da ciência primordial (= objetividade) com uma teoria de mundo aceitável para todo físico moderno — com cargas positivas e negativas, quanta, etc. até a concordância com o DNA, já descrita anteriormente.

Não podemos sequer imaginar estes conhecimentos sendo adquiridos sem uma observação "objetiva" e, portanto, científica, da natureza em seus primórdios — que evidentemente desconhecemos.[3]

10. *Semelhança* como fenômeno

No *I Ching,* a "obra modelo" da ciência chinesa, segundo a resposta de um chinês moderno à pergunta de como um povo inteligente não havia produzido nenhuma ciência natural comparável com a do Ocidente — há uma curiosa unidade entre livro e tema, realidade e natureza, espírito e intelecto, que vai muito além de um mero "livro". Um livro que funciona como *actus*, que não somente aponta para algo, mas que ao mesmo tempo É este *algo*. (C. G. Jung, *O segredo da flor dourada*, pág. XI.)

No DNA temos exatamente a mesma representação simultânea do código e da forma codificada, do projeto estrutural e da construção. (Cada célula contém a totalidade do projeto estrutural, e a construção consiste de trilhões de projetos estruturais.)

Certamente nos será permitido registrar esta *semelhança* existencial e fenomenológica como apoio a nossa tese!

11. Consumação meditativa, possível identificação de ambos os "códigos".

Essas *semelhanças* foram apresentadas ao leitor, pela primeira vez, em 1969, em forma de método de meditação, sem dúvida pouco usual porém mesmo assim apropriada ao tema do Oriente, uma vez que baseavam-se no esquema dos cinco estágios de variantes livres do budismo (através deste método o mestre Dung-Schan conduziu seus alunos ao conhecimento).[4] O leitor é convidado a praticar este método por si só — e ele mesmo constatará ou não seu sucesso. Poderá refletir sobre semelhanças e paralelos, sobre a hipótese de serem os dois códigos idênticos, ou talvez possa lhe ocorrer alguma idéia criativa, ou então sentir os efeitos de uma fantasia ilimitada.

12. A hipótese diz o seguinte: Mediante seu "emergir" no código do DNA, e através de uma série de *semelhanças* de relevância também estatística, o *I Ching* foi acreditado, e contém uma fórmula de mundo do porte de uma ordem da realidade. Será que a resposta — ao postulado de Heisenberg em busca daquelas "formas anônimas básicas e simetrias polares da natureza uniforme",[5] assim como a perplexidade de Monod ante o "enigma em última instância não solucionado das origens do código genético" — tem cinco mil anos de idade?

Afinal o comentário que encerra o último hexagrama, nº 64 "Antes da Conclusão", do *I Ching* contém uma indicação para o futuro: "O livro das Mutações é um livro do futuro!"

EPÍLOGO

O I CHING E O DNA
UM FENÔMENO INTERDISCIPLINAR
(Frank Fiedeler Ph.D.)

Nos Estados Unidos, o biólogo Gunther S. Stent foi o primeiro a observar a congruência entre o *I Ching* e o DNA, e publicou o resultado de suas pesquisas em 1969, no livro *The Coming of the Golden Age*. Ele escreve o seguinte:

"O *I Ching* baseia-se na interação dos dois princípios antitéticos, Yang (representado pela linha inteira ———) e Yin (representado pela linha partida – –), Yang e Yin combinam-se de modo a formar quatro diagramas: o Yang Velho (═══), o Yin Velho (══), o Yang Novo (══) e o Yin Novo (══); os quatro diagramas se combinam a cada vez em três linhas, de modo a formar $4^3 = 64$ hexagramas. Cada hexagrama — cuja leitura deve ser sempre de baixo para cima — representa um entre 64 aspectos fundamentais da vida; a natureza de cada aspecto é dada pela interação dos três diagramas que compõem o hexagrama. Durante a longa história do *I Ching,* os hexagramas foram dispostos de diversas maneiras; a partir delas, há cerca de mil anos, no decorrer do período Sung, elaborou-se uma ordem 'natural...' "

A esta altura, após alguns comentários sobre Leibniz e a relação entre o *I Ching* e o sistema numérico binário, Stent prossegue dizendo:

"Mas tão surpreendente quanto possa ser a antecipação dos

dígitos binários pelo *I Ching*, a congruência entre esta obra e o código genético é nada menos que assombrosa. Pois se Yang (o princípio masculino ou luminoso) está identificado com as bases purinas, e Yin (o princípio feminino ou escuro) com as bases pimidinas, de modo que o Yang e Yin Velhos correspondem aos pares complementares adenina (A) e timina (T), e o Yang e Yin Novos correspondem aos pares complementares guanina (G) e citosina (C), cada um dos 64 hexagramas vem a representar um dos códons nucleótidos triplos. A ordem 'natural' do *I Ching* pode ser vista agora de modo a gerar uma sucessão de nucleótidos triplos, nos quais são mostradas várias das relações genéricas dos códons manifestadas na disposição de Crick. Talvez os estudiosos das origens até hoje ainda misteriosas do código genético possam consultar os extensos comentários sobre o *I Ching*, de modo a obter algumas pistas para a solução de seus problemas."[1]

A coordenação das quatro bases do DNA com os quatro diagramas do *I Ching* aqui proposta por Stent contém uma controvérsia com a coordenação exposta por Schönberger (que ignorava o trabalho de Stent) em seu livro.

Schönberger também coordena a adenina com ▬▬▬ e a timina com ▬ ▬ , porém, faz com que a citosina corresponda a ▬▬ ▬ e a guanina a ▬ ▬▬ . Talvez, no momento, seja impossível dizer com absoluta certeza qual das duas coordenações é a correta. Até agora, não houve nenhum estudo comparativo detalhado dos 64 significados ou funções complexas surgindo de ambos os lados. Além disso, em teoria há ainda outros seis modos possíveis de coordenação, sem infringir o princípio de complementação em pares, a ser encontrado tanto nas bases como nos diagramas. Entretanto, até onde eu posso ver, no momento tudo se inclina a favor da coordenação de Schönberger, ainda que, por um lado, Stent pareça pelo menos lógico, pelo fato de coordenar as duas bases purinas com os dois símbolos Yang, e as bases pirimidinas com os dois símbolos Yin. Isso porque as aparências aqui são enganadoras, sendo a razão muito normal. Sem dúvida o professor Stent obteve seu conhecimento dos diagramas do *I Ching* através da tradução americana do texto alemão de Richard Wilhelm, que o traduziu do texto chinês original. Supostamente, devido a um erro de impressão, os dois diagramas "Yang Novo" e "Yin Novo" foram justamente confundidos.[2] Na verdade, o Yang Novo (Shao-yang 少陽) é o nome chinês do diagrama ═══ , e "Yin Novo" (少陰) é o nome do diagrama ═══ ;[3] ou, em outras palavras, a reserva feita por Stent em sua nomenclatura! Pode-se concluir então que, de fato, não é a coordenação de Stent e sim a de Schönberger que corresponde à lógica intencionada por Stent. E mais ainda, um primeiro exame dos significados complexos dela derivados parece mostrar que Schönberger tem razão. Assim, por exemplo, a transcrição do trio TGA, que como "códon de pontuação" representa um sinal de STOP, segundo a coordenação de Schönberger, corresponde ao hexagrama 12 ▤ P'I 否 "Estagnação", enquanto segundo a coordenação de Stent, corresponderia ao hexagrama n.º 53 ▤ Ch'ien, 漸 "Desenvolvimento".

Um exame mais profundo da coincidência semântica entre as palavras individuais e os dois sistemas de códigos exigiria uma detalhada investigação interdisciplinar. Questiona-se se o nosso conhecimento presente seria de todo suficiente para um tal entendimento. Não estou numa posição que me permita responder a esta pergunta como especialista, no que diz respeito à pesquisa do DNA. Contudo, quanto ao estabelecimento sinológico da forma original da casuística do *I Ching,* é preciso que se diga que — tanto avaliado pelo número como também pelo nível sistemático dos textos chineses — este estudo ainda se encontra hoje nas etapas preliminares.

Além disso, porém, mesmo no nível puramente formal, há ainda paralelos de amplo alcance no que diz respeito à estrutura em geral, de modo a não restar nenhuma dúvida possível quanto ao significado do fenômeno de congruência. Tomemos a "disposição natural" dos hexagramas a que Stent se referia e que o filósofo Shal Yung 邵 雍 (1011-1077) desenvolveu no modelo de uma fórmula clássica, mostrando um menor grau de diferenciação, isto é, à fórmula de trigrama Hsien-t'ien pa-kua 先天八卦. Esta forma cíclica é construída de tal maneira que os hexagramas *complementares* se situam no círculo em exata oposição uns aos outros. Isso apenas ilustra o princípio de complementação que também determina o acasalamento dos dois cordões da dupla hélice do DNA. Várias destas fórmulas simbólicas cíclicas foram transmitidas. Sua teoria estrutural era tida na China tradicional como o mais rigoroso nível formal de filosofia. Em meu livro *Die Wende* (*The Turn*), inferi cosmologicamente essas fórmulas dos comentários clássicos do *I Ching*, demonstrando sua correlação funcional em termos de uma abordagem antropológica do assunto, baseado na teoria lingüística.[4] Em sua totalidade, seu entrelaçamento fornece o modelo estrutural do processo genético básico da auto-reprodução; a codificação e o controle do mesmo reside na capacidade muito especial do material genético do DNA.

O fenômeno de congruência é demonstrado com particular clareza na comparação dos *relacionamentos numéricos*. Enquanto no decorrer de muitos anos estive ocupado como sinólogo no estudo do *I Ching* e na teoria de seu sistema, houve um fator importante que sempre permaneceu obscuro para mim: o chamado ciclo Chia-tzu, 甲子 , uma série de sessenta elementos de combinações de símbolos que na literatura oracular chinesa é normalmente coordenada ao sistema dos hexagramas. No entanto, uma carta de Fritz Bopp, físico nuclear e especialista em DNA de Marburg a respeito das relações numéricas do DNA, me propiciou uma indicação direta do significado desta série de símbolos: a relação numérica que representa como que uma combinação comum de séries de símbolos de dez e de doze elementos correspondem *na dupla hélice do DNA precisamente ao período comum de contagem por curvas e de contagem* por tríades. Duas tríades, isto é, seis pares de base, contêm uma meia curva, que compreende cinco pares de base. Visto que no *I Ching* a unidade correspondente a um par de bases é representada por dois elementos gráficos e conseqüentemente as tríades de três elementos correspondem a hexagramas de seis elementos, este coeficiente de 5:6 também está refletido em sua forma dupla 10:12 do ciclo Chia-tzu. As séries de combinações de sessenta símbolos deste ciclo significam então três curvas inteiras ou dez tríades na estrutura do DNA; em outras palavras, o período em que a contagem em tríades e a contagem por curvas coincidem no mesmo ponto.

Na cosmologia do *I Ching*, a estrutura total dos 64 hexagramas remonta ao padrão de informação cósmica do denominado ciclo metônico (em chinês: chang 章), um período de dezenove anos solares muito precisos, conhecidos até pelos babilônios, e que na China serviram de base para o calendário desde as épocas mais remotas.[5] Em síntese, o ciclo metônico é o período no qual o Sol e a Lua passam pela gama de suas possíveis combinações, antes de retornarem ao ponto de partida. Se compararmos isto aos numéricos do DNA (extremamente sensíveis à luz), constatamos que tal coordenação cosmológica se verifica atualmente naquele *período único de dezenove curvas da dupla hélice quando contadas em tríades, que coincide precisamente com as 64 tríades, completando a totalidade de um código de 64 elementos.* Dezenove curvas completas são 190 pares de bases, e 64 tríades são 192 pares de bases. Os dois pares de bases que sobram podem ser explicados por uma referência a uma espécie de princípio sobreposto, que consta proeminentemente na teoria de formação do símbolo do *I Ching*.[6] Os dois primeiros e os dois últimos pares de bases de cada seqüência de 64 tríades também contariam com os últimos e os primeiros membros de seqüência precedente e subseqüente; o resultado da soma total é que parecem faltar dois pares de bases em cada seqüência.

No que diz respeito à constituição do DNA, parece razoável concluir que *uma curva de hélice dupla representava originalmente a unidade de informação de um ano.* O material genético contido em cada célula do corpo humano consiste em bilhões de tais curvas. Assim, as curvas do DNA evidentemente são como anéis anuais, e representam os anais da raça, que foram continuados desde o alvorecer da história.

O fenômeno da analogia estrutural entre o *I Ching* e o DNA

terá conseqüências importantes para a teoria básica das ciências antropológicas. Aponta o caminho para uma antropologia genética que, uma vez acompanhada, fornecerá a palavra-base para uma ciência da cultura, um fundamento verdadeiramente objetivo das ciências naturais. Está bem claro que é só neste século que a física, através de sua investigação do DNA, alcançou um nível no qual pode provar um tal fundamento. Deste modo, realizou-se uma possibilidade que havia sido repetida e dogmaticamente negada pela metafísica das ciências morais que, inspirada pela teologia, fixou-se no *status* especial absoluto da consciência humana.

BIBLIOGRAFIA

Fiedeler, Frank, *Die Wende* [A mudança], Berlim, Kristkeitz, 1977.

Friedländer, S. H., *Schöpferische Indifferenz* [Indiferençá criativa], Munique, Editora Reinhardt, 1926.

Gebser, Jean, *Der unsichtbare Ursprung* [A origem invisível], Freiburg; Alter, 1971.

Gebser, Jean, *Dualismus und Polarität* [Dualismo e polaridade], Zurique, Editora Pestalozzi, 1971.

Granet, Marcel, *Das chinesische Denken – Inhalt, Form, Charakter* [O pensamento chinês – Conteúdo, forma, caráter], Munique, R. Piper, 1971.

Gundert, Wilhelm, *Bi-Yän-Lu* (2 vols.), Munique, C. Hanser, 1960/67.

Heisenberg, Werner, *Die Einheit der Natur bei A. v. Humboldt und in der Gegenwart* [A unidade da natureza segundo A. v. Humboldt e na atualidade], no jornal *Süddeutsche Zeitung*, Munique, n.º 310 de 27/28 de dezembro de 1969.

Hummel, Siegbert, *Polarität in der chinesischen Philosophie* [Polaridade na filosofia chinesa], Leipzig, O. Harrassowitz, 1948.

Hummel, Siegbert, *Zun ontologischen Problem des Dauismus (Taoismus).* [O problema ontológico do Taoísmo], Leipzig, O. Harrassowitz, 1948.

Kellerer, Christian, *Object trouvé, Surrealismus, Zen* [Objeto encontrado, surrealismo, Zen], Reinbek, Rowohlt, 1968.

Lassalle, H. M. Enomiya, *Zen – Weg zur Erleuchtung* [Zen – Caminho para a iluminação], Viena, Herder, 1969.

Leibniz, G. Wilhelm, *Zwei Briefe über das Binäre Zahlensystem und die chinesische Philosophie* [Duas cartas sobre o sistema numeral binário e a filosofia chinesa], Munique, Belser, 1968 (edição e posfácio de Jean Gebser: *Zur 5.000 jährigen Geschichte des Binären Zahlensystem* [Cinco mil anos de história do sistema numeral binário] Fu-Hsi – G. W. Leibniz, Norbert Wiener).

Monod, Jacques, *Zufall und Notwendigkeit* [Acaso e necessidade], Munique, R. Piper, 1970.

Watts, Allan W., *Natur – Mann und Frau* [Natureza – homem e mulher], Köln DuMont Schauberg, 1972.

Wilhelm, Richard / Jung C. G., *Das Geneimnissar der Goldenen Blüte* [O segredo da flor dourada], Olten/Freiburg, Editora Walter, 1971.

Yüan-Kuang, *I-Ging* [I Ching], Planegg, O. W. Barth, 1951.

NOTAS

[1] Burckhardt, Erwin; *Chinesische Steinabreibungen* (Entalhes chineses em pedra), Munique, Hirmer, 1961, Ilustração 1.

[2] Granet, Marcel; *Das chinesische Denken — Inhalt, Form, Charakter* (O pensamento chinês — Conteúdo, forma, caráter), Munique, Piper, 1971, pp. 134 e seg. pp. 273 e seguintes.

[3] Chavannes, Edouard; *Les Mémoires Historiques de Se-Ma-Ts'ien* (As memórias históricas de Se-Ma-Ts'ien), Paris, Leraux, 1895, pp. 5 e seguintes.

Prefácio à 2ª edição

[1] Dr. H. de Witt; *Analogik* (Analogia), vol. 1; 315 páginas de registro. Basel, Editora Wepf + Cia., 1974, vol. II em preparação.

[2] Gebser, Jean; *Ursprung und Gegenwart* (Origem e atualidade), Munique, editado em 1973.

[3] Chargaff, Erwin; *Nützliche Wunder — Gedanken über die Nukleinsäureforschung* (Milagres úteis — Pensamentos sobre a pesquisa dos ácidos no núcleo), em: *Scheidewege* (Dilemas) ano 6, caderno 3, 1976, Stuttgart, Editora Klett.

Introdução

[1] Também na rejeição do dualismo, há acordo entre o taoísmo (*I Ching*) e o budismo. O próprio Buda explicava: "O mundo, o *Kaccâna*, existe no dualismo, no "é" e "não é". Quem, entretanto, reconhecer o *Kaccâna*, conforme a realidade, e, com toda a sabedoria entender como as coisas surgem no mundo, para este não há "não é" nesta vida. E aquele que conforme a realidade, reconhecer o *Kaccâna* e entender, com toda a sabedoria como as coisas deste mundo terminam, para este não há "é" neste mundo". (*Samyutta Nikaya* II, 17)

Prefácio

[1] O comentário apareceu em Bitter, W.; *Dialog über den Menschen* (Diálogo sobre os seres), Stuttgart, Klett, 1968.

[2] Monod, Jacques; *Zufall und Notwendigkeit* (Acaso e necessidade), Munique, Piper, 1970.

156

O código do I Ching

[1] Wilhelm, R. / Jung, C.G.; *Das Geheimnis der Goldenen Blüte* [O segredo da flor Dourada], Zurique. Rascher, 1939; desde 1971 com Walter, Freiburg (S. XI-XIV). Wilhelm, R.; *I-Ging, Das Buch der Wandlungen* (I Ching, O livro das mutações), Dusseldorf/Köln, Diederich, 1923; *I Ching, O livro das mutações*, Editora Pensamento, São Paulo.

[3] Wilhelm, R.; *Buch der Wandlungen* (O livro das mutações), vol. I, VIII: "Esta fundamentação é o grande início de tudo o que existe: *Tai-Gi*, com efeito: "a viga mestra".

[4] Hummel, Siegbert; *Polarität in der chinesischen Philosophie* (A polaridade na filosofia chinesa), Leipzig, O. Harrassowitz, 1949.

[5] Todos os trigramas e hexagramas do *I Ching* devem ser lidos de baixo para cima!

A polaridade no I Ching e no Código Genético

[1] Sim, o próprio Fu-Hsi, bem como o sinólogo Marcel Granet (*O pensamento chinês — Conteúdo, forma caráter*, Editora R. Piper, Munique, 1963, p. 135) é informado observando as obras de arte "que os corpos dele e de sua mulher se integram como cobras entrelaçadas, nas representações em que aparece abraçado com ela! "

[2] Friedländer, S. H.; *Schöpferische Indifferenz* (Indiferença criativa), Munique, Reinhardt, 1926.

[3] Watts, Alan W.; *Natur-Mann und Frau* (Natureza, homem e mulher), Köln, DuMont Schauberg, 1960.

O código universal do I Ching e o código da vida do DNA — Uma chave?

[1] Análise formal do autor, sem fundamento sinológico.

[2] Yüan-Kuan: *I-Ging* (I Ching), Planegg, O. W. Barth, 1951.

I Ching, Lei do Acaso

[1] Wilhelm, R.; *I-Ging, Das Buch der Wandlungen* (I Ching — O livro das mutações), *op. cit.*, 1º vol., pp. 280 e seguintes.

[2] Wilhelm, R./ Jung, C.G.; *Das Geheimnis der Goldenen Blüte* (O segredo da flor dourada), p. XIII.

Acaso e necessidade no DNA, no Surrealismo e no I Ching

[1] Monod, Jacques; *Zufall und Notwendigkeit* (Acaso e necessidade), *op. cit.*, pp. 207-211.

[2] Monod, J.; *Zufall und Notwendigkeit* (Acaso e necessidade), p. 76; O demônio de Maxwell!

[3] Kellerer, Christian; *Object trouvé, Surrealismus, Zen* (Objeto encontrado, surrealismo, Zen), Reinbek, Hamburgo, Rowohlt, 1968.

[4] *Ibidem*, p. 49.

A prática oracular no I Ching

[1] Wilhelm, R. / Jung, C. G.; *Geheimnis der Goldenem Blüte* (O segredo da flor dourada), p. XII.

[2] Paracelso e Heisenberg sabem que devem agradecer a cientistas como Heisenberg a dominação do dualismo entre sujeito-objeto na física!

O I Ching e o código genético no esquema dos cinco estágios

[1] Bi-yän-Lu, Meister Yüan-Wu's Niederschrift von der Smaragdenen Felswand ... (Bi-yän-Lu, manuscrito do mestre Yüan-Wu sobre o rochedo esmeraldino...) adaptado para o alemão e comentado por Gundert, Wilhelm, Munique, Hanser, 1967, 2º vol. pp. 213 e seguintes.

[2] Dumoulin, H.; Zen - Geschichte und Gestalt (História e forma do Zen), Berna, Francke, 1959, pp. 118 e seguintes.

[3] Graul/Francke; "Kunftige Entdeckungen der Physik" (Futuras descobertas da Física); Revista sobre medicina universal, 32/1970, p. 1591.

[4] Süddeutsche Zeitung, Munique, nº 249, 17/18, de outubro de 1970 [Jornal Alemão].

[5] Veja a bibliografia.

[6] Veja p. 112.

[7] Friedländer, S.H.; Schöpferische Indifferenz (Indiferença criativa), no local citado.

[8] Groddeck, Georg; Das Buch von Es (O livro do Es), Wiesbaden, Limes, 1961.

[9] Gebser, Jean; Dualismus und Polarität (Dualismo e polaridade), Zurique, Pestalozzi, 1971, p. 15 e seguintes.

Síntese de todas as reflexões

[1] Com amigável referência de C. P. Flessel, prof. de biologia de San Francisco.

[2] Watson, James D.; Die Doppel-Helix (A dupla-hélice) Reinbek, Hamburgo, Rowohlt, 1969.

[3] O I Ching exige, no entanto, a total integração desse observador com o sujeito de todos os objetos, através das sete outras funções objetivamente comprovadas do sentimento, da intuição (esse é, por certo, o caminho objetivo revelado pelo I Ching!). Sem o cultivo regular de todas as oito funções polarizadas da alma (veja p. 57) não existe verdadeira objetividade. Exemplo: o desenvolvimento da bomba atômica que não levou em consideração o sentimento, a sensibilidade, a intuição, a humanidade polarizada, a religiosidade –, no caso houve somente intelecto frio, a distorção dualista do bom senso (sem consideração pelo pólo oposto, ou seja, a intuitiva percepção da situação geral da humanidade); houve, quando muito, juntamente com uma vontade determinada, a decisão da sua utilização (destruição e indiferença pelo pólo oposto, ou seja, um amor bem desenvolvido pela vida. Somente os pares que se respeitam são humanos!

Perdoem-nos este exemplo repleto de objetividade como uma resposta no sentido do I Ching sobre a "objetividade", altamente parcial de Monod.

[4] Veja p. 121.

[5] Veja p. 121.

Epílogo

[1] Gunther S. Stent, *The Coming of the Golden Age* (A vinda da era dourada), Nova York, 1969, pp. 64-65.

[2] Richard Wilhelm, *The I Ching or Book of Changes* (*I Ching — O livro das mutações*), Editora London Routledge & Kegal Paul — Editora Pensamento. São Paulo.

[3] Veja, por exemplo, Fung Y-Ian, *A History of Chinese Philosophy* (Uma história de filosofia chinesa), Princeton, 1953, Vol. II, p. 459.

[4] Frank Fiedelger, *Die Wende, Ansatz einnér genetischen Anthropologie nach dem System des I-Ching* (A mutação, início de uma antropologia genética segundo o sistema do *I-Ching*), Berlim, 1974.

[5] Cf. Frank Fiedeler, *A mutação*, cap. V

[6] Cf. Frank Fiedeler, *A mutação*, cap. IIIa.

Editora Pensamento
Rua Dr. Mário Vicente, 374
04270 São Paulo, SP
Fone 272-1399

Livraria Pensamento
Rua Dr. Rodrigo Silva, 87
01501 São Paulo, SP
Fone 36-3722

Gráfica Pensamento
Rua Domingos Paiva, 60
03043 São Paulo, SP